微商营销108个门道

刘瑞军◎编著

成都时代出版社
CHENGDU TIMES PRESS

图书在版编目（CIP）数据

微商营销108个门道 / 刘瑞军编著 . -- 成都：成都时代出版社，2017.3

ISBN 978-7-5464-1717-2

Ⅰ . ①微… Ⅱ . ①刘… Ⅲ . ①网络营销 Ⅳ . ①F713.365.2

中国版本图书馆CIP数据核字（2017）第066437号

微商营销108个门道

WEISHANG YINGXIAO 108 GE MENDAO

刘瑞军　编著

出 品 人	石碧川
责任编辑	李　佳
责任校对	李卫平
装帧设计	别有天地
责任印制	干燕飞
出版发行	成都时代出版社
电　　话	（028）86618667（编辑部） （028）86615250（发行部）
网　　址	www.chengdusd.com
印　　刷	三河市祥达印刷包装有限公司
规　　格	710mm × 1000mm　1/16
印　　张	17
字　　数	200千字
版　　次	2017年6月第1版
印　　次	2017年6月第1次印刷
印　　数	1-8000
书　　号	ISBN 978-7-5464-1717-2
定　　价	36.80元

前言
PREFACE

几年前我曾写过一本《自媒体营销实战全攻略》，从那时起，对于微营销便有着较为浓烈的关注，并进行了较多的探究。

微营销是近年来比较热的一个话题，一方面，是社会发展所需；另一方面，是微商运营所需。作为一名微商自媒体从业者，微营销对于微商的作用不可小觑。一个好的微营销，能够让微商月入上万，乃至倍增；而一个普通的微营销，不但收入上不去，而且还会使微商从业者越做越累。

我身边有很多做微商的朋友，有做得好的，也有做得一般的。后者之所以做得一般，其中一个重要原因就是微营销没做好，严重影响了其业绩，而且类似的微商朋友还有很多很多。我编写这本书的目的，就是希望能够通过我的努力，帮助微商朋友们解决营销方面的问题，提升其业绩。

微营销的方式有很多，本书已全面地进行了解析。但在这里我向朋友们讲一件事情，我有一个微信群，里面很多都是我的读者和做微商自媒体的朋友。在众多的朋友当中，有一个人让我印象颇为深刻，他的微信昵称叫“张瑞”，微信号是：zhangruics，我建该微信群的目的是为了研究社群营销，而此人之所以让我印象深刻，是因为他从我建群的第一天起，每天早上都会发布一条“电商晨报”，天天如此，从没间断，如同闹钟一般。

将一件简单的事重复一遍容易，而坚持重复一百次则不容易。试想一下，如果有这样一个天天给你发布类似信息的人，你会不记住他吗？显然你是可以记住他的。所以，我相信群里的每一个人都能够记住他。

这便是微商营销的一种，同时也说明了一个道理，微商营销不是一朝一夕就可以看到效果的，贵在坚持。

目录
CONTENTS

第三章　微博营销：随时随地传递你的信息

第四章　博客营销：你的地盘你做主

第十一章　营销禁令：微商营销“九不”

第一章

微商营销：从换位思考开始

1. 微营销的基础是合作共赢

微商心语

不管运用何种平台、何种途径，要想做好微营销，就必须将其建立在合作共赢的基础上。

在爱情的世界，有这样一句话："不以结婚为目的的谈恋爱都是耍流氓。"那么，在微营销界可以这样说，不以合作共赢为目的的营销都是耍流氓。也就是说，不管运用何种平台、何种途径，所有的微营销都应该建立在合作共赢的基础之上。

在现实生活中，我们有时会遇到一些"坑蒙拐骗"者，一些为了追求利益"忽悠"消费者的营销人员，也许，他们通过这种方式一时获得了巨大的利益，可是我们会发现，他们活得很累，没有忠实稳定的客户，每天都在努力挖掘新客户，但业绩一直平平。究其原因，是因为他们忽略了"合作共赢"的营销理念。

所谓微商，通俗地讲就是在一个小圈子里经商，在这个小圈子，一旦你的信用破产，就等于是断了自己做微商的路。比如你现在是卖面膜的，以后不管你卖什么都将受到极大的影响。

我的朋友圈曾有这样一个朋友，认识好多年，私下关系还不错。有一天看到她在朋友圈晒产品，一问才知，因为闲暇时间多，所以开始做微商了，代理了一家公司的瘦身产品。我告诉她，既然做微商了，那么应该注意构建个人品牌，不要太功利，从合作共赢的基础出发去做，这样才会越做越好。

当时，她觉得我说得对，也非常赞同我的看法。有一天我看到她在朋友圈招代理，然后我就问她："你不是做零售吗，怎么开始招代理了？"

她说："哥，你是不知道，零售根本赚不到钱，而且也卖不出去几个，你想想，招几个代理让他们替你卖货，这样既轻松，而且还赚得多。"

我说："你都卖不出去，赚不到什么钱，那么你招的那些代理能卖出去，能赚到钱吗？"

她说："这我就管不了那么多了，反正代理多了，我自己才能赚到钱。"

当时我就告诉她，这种做微商的思路不对，要长期做下去很难，甚至有一天你会做不下去。不出我所料，半年之后，我发现她很久未在朋友圈发产品信息了，一打听才知道，她找了一份工作上班去了，不做微商了。

为什么有些微商越做越大、越做越好，而有些微商如同我那位朋友一样，激情过后便隐退"江湖"呢？有一个很大的原因就是做微商的初衷不对，没有把合作共赢的理念融入营销中，只是想着如何更多地赚钱，试问，出发点不对，基础没打好，怎么赚更多的钱？

所以，我希望做微商的朋友能够明白，不管你卖的是什么产品，不管现在微商的规模如何，不管你的商业模式是什么，做微商一定要把合作共赢作为首要准则，这样你才能做得长远，越做越大，越做越好。

2. 免费体验，集聚人气

微商心语

免费体验最大的优势就是能够迅速提高市场占有率，快速获得大量用户，这一点对于微商来说非常重要。

古今中外，人们都喜欢免费的东西，因为不用付出就可以得到。所以，在商界，免费使用策略一直具有强大的生命力，而且被一直使用着。

随着互联网的高速发展，免费的东西越来越多，视频网站可以免费看视频，杀毒软件可以免费用，电子商务中有很多免费试用且永久免费的东西，那么，为什么会有这么多免费的东西呢？难道互联网上的这些商家傻？在做慈善吗？当然不是。之所以有些东西是免费的，是因为他们需要吸引大量的用户去关注。对于消费者来说，免费的东西当然好，反正不用花钱，不用白不用，对自己也没有啥损失。对于商家来说，试用或使用的人越多越好，每增加一个免费用户，以后就可能增加一个付费用户。

免费策略是一种很强的病毒性策略，比如你在某店里看到免费的东西，你可以没有任何心理负担地向他人推荐，别人也不会觉得你拿了店里回扣或好处。这样，某些信息就很容易传播出去。对于微商，我们也非常需要这种策略，以此来提高产品及自己品牌的知名度，让信息传递得更远。纵观当前的微商行业，这种方式运用得似乎并不多，很多都是买一送一，买两盒打八折，买三盒打七折等。如果你对你的产品有信心，对你个人品牌有信心，那么不妨拿出一些试用装，让你的粉丝们免费体验一番，这样一方面可以集聚人气；另一方面，如果他们在使用的过程中认可你的产品，那么，你将会得到更多的客户，业绩自然会稳步提升。

当然，天下没有免费的午餐，这句话是真理。免费体验的目的是为日后更好地盈利打基础。提供给客户免费品的成本，当然要在其他地方赚回来。免费体验策略有这样几个特点：

第一，操作费用成本较高，对于缺乏竞争性的产品来说，效果往往不会太明显。

第二，免费体验的产品一定要性价比高，质量好，因为只有高质量的产品，消费者在免费体验之后才会有较深的印象，才能赢得他们的认可。

记得曾有一个作者叫胡宝介，他将自己的书做成电子书，然后提供给读者免费阅读。为此，他的这本书一炮走红，在互联网上流传极为广泛。虽然说他制作电子书花费了一些精力和费用，但是他从中得到的知名度和地位要远远大于他之前的付出。从商业的角度讲，他赚到了。

对于微商来说，免费策略有很多操作方式，比如将免费的东西与付费的东西捆绑在一起。比如你的产品价格是100元，免费赠送的东西加起来给人感觉非常丰富，可能会值好几百，这也是一种吸引力。再比如，可以免费给用户提供一些初级产品体验，等过一段时间产品升级，客户对产品产生了依赖性及好感之后，便可以收费赚钱啦！

具体方法有很多很多，这个需要我们根据自己的行业及商业模式而定。免费体验最大的优势就是能够迅速提高市场占有率，快速获得大量用户，这一点对于微商来说非常重要。最后我要强调一点，免费体验不是给用户提供一些没有实用价值的东西，免费体验一定要让用户感受到效果。

3. 学学小米的“饥饿营销”

微商心语

当一个人越是买不到某种商品的时候，他就会越想买。

微商营销的方式有很多，思路有千百种。提到“饥饿营销”，相信我们大家都会想到一个品牌，那就是“小米”手机。可以说，小米制造商将这种营销方式运用得是炉火纯青，想当年，你是不是也曾经12点准时守候在电脑前，鼠标点了又点，只为了抢到一个小米手机呢?

这就是饥饿营销的魅力所在，让你想得到却又很难得到。所谓饥饿营销，是指产品提供者有意降低产量，调控供求关系，制造一种供不应求的“假象”，以保证产品形象及较高利润的营销策略。

有这样一个故事，说有一个国王，吃遍了世界上所有的山珍海味，而且从来就不知道什么是饿，所以他的食欲越来越差，心情非常糟糕。群臣们想了很多方法，也无法解决这个问题。

有一天，王宫中新来了一位厨师，这位厨师听说国王的情况后，提议说：“有一种天下最美的食物，它的名字叫‘饿’，如果您享用了这种食物，您的胃口一定会打开，心情一定会愉悦。只是这种食物需要付出艰辛的努力，不知道国王愿不愿意去寻找？”

国王说：“当然愿意，一切听从你的安排。”

于是，厨师带着国王微服走出了王宫，寻找美味。厨师带着国王爬山涉水，找了整整一天，没有吃过一点食物，饥饿难耐。晚上，他们来到一个山脚下歇息，厨师不失时机地在一块石头下面找到了一个馒头说：“国王，我们终于找到了，这就是叫‘饿’的食物。”

已饥饿难耐的国王大喜，二话没说，将又硬又冷的馒头狼吞虎咽地吃了下去，并封该食物为天下第一美食。

这个故事说明了这样一个道理，对于一个饥饿至极的人来说，再普通的食物也会被认为是美味。这一常识当下被商界广泛应用，并冠名为“饥饿营销”。小米便是一个极好的例子。首先，创造饥饿感，让用户觉得你的产品值得拥有，但却似乎很难得到；其次，控制供求量，把握一个较好的界限，从而控制最终的售价，赚取较高的利润。

那么，作为微商，我们该如何运用这一策略来营销呢？

微商所面对的客户大多都是朋友圈中的好友，首先，我们需要向他们传递产品供不应求的信息，如高频次的进货与断货，进货的不易，消费者等待产品的状况等。

其次，就是要适时地勇敢拒绝客户，适时地告诉客户断货了，制造一种紧张感，让客户觉得你的产品已经供不应求。

最后，把握好供求节奏，不要过分控制供量，因为一方面会影响销售利润，另一方面会让一些消费者产生遥不可及的心理，从而彻底放弃。比如市场需求为 10，而你只供应 1，显然，这是非常不合理的控量。

“饥饿营销”操作起来不是很容易，因为很多人难以把握供求与利润之间的平衡，所以，作为微商，在运用这一策略时，要特别重视其中的细节问题。

4. 客户想要的，是你需要关注的

微商心语

营销要有目的性，而这个目的要以客户的需求为导向。

微营销和线下实体营销有很多相似之处，其中一个重要因素就是满足客户最大的需求，抚摸客户的“痒点”，让客户觉得舒服。所以，我们要把营销的重点放在客户最关注的地方、最需要的地方。

我曾在微信朋友圈中试着买过一次东西，那是一次糟糕的体验。那是好多年前，微商才刚刚流行起来，有一次我发现洗发水没有了，突发奇想，能不能在微信上购买呢？一方面体验一下微信购物的感受，另一方面想了解一下微商到底是怎么购物的。

翻开朋友圈，刚好找到一个微信好友是卖洗化用品的。我问他：“你好，最近我发现我的头发有些油，给我介绍一款洗发水吧。”我的发质的确是油性发质，一天不洗就感觉很不舒服，所以我当时急需一款适合油性发质的洗发水。

对方马上回复我说：“我们公司最近刚好研发了一款新产品，品质好，价格便宜，卖得非常火，要不你拿一瓶试试吧。”

我说：“好啊，这款洗发水能去油吗？”

对方说：“这款产品是一款多功能产品，去油、去屑、护发、养发，效果非常好。”

我一听他这么说，心里没底了，有点不敢买了，因为功能太多，我担心去油效果不好。所以我便放弃了。

而如果他当时直接向我推荐一款专门去油的产品的话，我一定会购买，因为去油功能是我最想要的。

线上营销和线下营销有很多相似之处，关注客户最想要的便是其中之一。如果客户想梳头，推荐梳子便是最正确的，而推荐脸盆就会不合时宜。这个道理我们都懂，但细化到某一行业后，我们反而会经常犯类似的错误。

比如微商中经常出现的美容产品，可能其具有很多功能，如祛痘、美容、护肤等。当大多数消费者的需求是祛痘的时候，我们的营销重点应该放在产品的祛痘功能上。如果当某位客户的最大需求是美容的时候，我们应该向其着重推荐产品的美容功效，其他功效放在次要位置。

客户需要的，是你需要关注的，这句话我经常在做微商朋友圈中提到，道理很简单，但做起来却比较难。因为很多人已经形成了自己的一种营销模式，且成了一种习惯，要改过来确实不容易，但我们一定要明白其中的道理。比如客户是因为抽烟损害健康而购买电子烟的，把电子烟对健康的重要性放在营销的首位；客户是因为想在公共场合抽烟不影响他人而购买电子烟的，应该把电子烟雾对他人的影响放在营销的首位。

总之，营销要有目的性，而这个目的要以客户的需求为导向。

5. 把握客户的认同心理

微商心语

客户认同商品且愉快购买的前提是——引导客户认同你。

每个人都有自己的主见和喜好，都有自己所认为对的事情，同时，每个人的认同感也被外界环境影响着，你认同的东西，对方不一定会认同，你觉得对的事情，他人不一定会觉得对。

换一个角度讲，如果对方认同的东西，恰巧你也非常认同，那么，你们俩就一定会有很多共同语言，沟通起来会很愉悦。当然，在微商这个行业中，我们会遇到各种人，很难遇到你认同的东西对方也认同，所以，有时候我们会遇到很多沟通障碍。如果我们站在对方的角度，把握对方的认同心理，效果会不会更好一些呢？

群体的压力是很大的，个体在做选择的时候有时候会被无意识地影响，就像儿童到一定年龄大家都上学了，你没有理由不去上学一样。有时候是有意识地被动地被影响了，就像热门的专业总是会受很多人的追捧，内心是否真实地喜欢那就另当别论了。

消费者购物选择极容易受到大众的影响，这是因为随大流而形成的认同心理，虽然这种心理会让消费者不自觉地产生倾斜购物，但却非常有助于微商营销活动。

“相信群众”相信的是大部分人都选择了，肯定错不了，获得一种心理上的安全感。

去年还喜欢红色的裙子，今年怎么就都是蓝色了的呢。别感慨你身边的人个个都是善变的主儿，善变的不是个人，而是周围的环境。谁让今年街上到处都飘着蓝色的倩影呢。如果流行是千变万化的，那追随潮流则是永远不会变的。如果穿前几年的款上街别人肯定会说这个人土得真有个性啊，等再过几年，这款又流行起来了，那就是不同的概念了，到哪儿都是潮范儿。流行什么，什么就是正确的。

“社会认同”对个人的选择倾向的影响是无处不在的。当一个消费者去超市买东西，看到琳琅满目的商品，哪怕只买一瓶洗发水都会让顾客挑花了眼吧，但最后放进他购物篮的肯定是在电视上看过广告的有名品牌，为什么呢，广告做得多好啊，多出名啊，为什么不买大家都买的呢。很多厂家会花费重金打造广告拓展知名度都是为了增加在消费者心中的影响力，所以，品牌的效应就是这样体现出来的。

当我们在微信中向客户推荐产品或进行营销的时候，一定要明白客户的认同心理。微商所销售的产品有一个最大特点就是看不见摸不着，只能从照片、他人的评论去判断该产品是不是值得购买，因此，我们经常会看到很多微商在朋友圈中晒与客户的对话，或者打款记录。其目的就是加强客户的认同心理，引导客户对产品产生兴趣，从而产生购买行为。

客户的认同心理有很多方面，微商除了注重客户对产品的认同心理外，还要关注客户的兴趣爱好、某话题观点等，也很重要，在沟通中也容易使客户产生认同心理。比如客户认为刘德华与周杰伦相比，刘德华才是自己心中的天王。那么，在营销或与客户聊天沟通的过程中，不妨以此顺势而上，让客户觉得你与他志同道合，从而建立友好的情感，拉近与客户之间的距离。

6. 微营销不是说服，而是构建信任

微商心语

做微商的基本准则是：构建信任。

华人首富、长江实业有限公司主席李嘉诚曾说："一个人良好的信誉，是走向成功不可缺少的前提条件。"在任何时候，诚信是做生意的根本，因为有了诚信，才会产生彼此的信任，做微商依然如此。

做微商是一个相互沟通价值等量交换的过程，如果你不诚信，抱着欺骗、占便宜的心态与他人合作，第一次也许你会占到便宜，但以后他人肯定不会再与你交易，你也就无商可做。

微商与实体创业相比，对信任的需求要更加强烈，这是因为微商的商业模式与实体创业的商业模式有着本质的区别。实体创业通常有固定的店面，与客户需要进行面对面的接触沟通，在这个过程中态度与诚信会最大限度地相互传递。比如你去服装店买衣服，如果销售员对你爱答不理，用言语介绍产品时与你看到的产品不相符，那么你就会不信任对方，放弃购买。

而在微商中，与客户的沟通是基于互联网这个平台进行的，双方只能通过文字或语音进行沟通，诚信的传递度会减弱，客户只能依据产品文字推广、视频等展示及你的介绍决定购买行为。在这种情况下，如果难以赢得对方的信任，对方一定不会购买你的产品。也许有人会

说，没关系，我懂得很多说服技巧，即使对方不信任我，我也能够巧舌如簧地说服对方购买。在微商中，能说会道不及构建信任的千分之一。你会发现有些人不爱说话，也不太会说话，但他的销售业绩非常高；而有些人能说会道，辩驳无人能敌，但销售业绩却很是一般。这其中一个重要原因就是前者用的是“信任”这种武器，而后者用的是“辩驳”。

此外，做微商是一个重新建立市场及客户圈的过程，有些人认为微商与电商是一回事，其实不然。比如淘宝是一个电商平台，很多人在这个平台销售产品，这就好比是一个池塘，水就是平台，鱼就是客户。而这个池塘是阿里巴巴为我们建好的，经营者只需要跳进这个池塘捕鱼即可，如同一个实体市场，我们只需要在这个市场开个店经营产品。而做微商不同，它是一个人、一个号、一个点。市场需要自己搭建，这个市场到底能做多大，完全在于自己的经营能力。比如在微信中做微商，一个人申请一个微信号，然后从这个点开始经营，在这种情况下，诚信便成了微商是否能够做大的关键，如果你能让朋友觉得你的产品是优质的，能够帮助他，同时他也非常信任你，个人品牌就能树立，市场才会越做越大。

一个成功的商人，一定是将构建信任放在首位的。在微商活动中，要坚持诚信经营，所有的方法、策略、沟通等围绕信任而展开，以构建信任、消除猜忌怀疑为目标，做到这一点，相信你的产品会很好卖。

7. 赠品营销，诱惑的魅力

微商心语

微商赠品，是为了引导用户更多地去关注，激发用户的购买欲望。

有一次我从外地出差回来，第二天休息，老婆约着闺蜜出去逛街。中午老婆逛街回来了，手里拎着大包小包的东西，而且很多东西家里还有很多，根本没必要购买。当时我很纳闷，老婆为什么会买这么多根本没必要的东西呢？

于是我就问："这些东西家里还有很多呀，你买这么多干什么？"

老婆说："厂家做活动，你看，这些都是赠品，多值啊！况且这些东西迟早都会用到！"

显然，我爱人之所以会购买这些东西，并不是因为她一定需要，有很大的因素是因为赠品，是赠品激发了她的购买欲望。

其实，有很多人具有和我爱人一样的心理，当在主产品上附上一些附属产品，而且这些附属产品是免费赠送的时候，就容易激发消费者的购买欲望，从而发生购买行为，这就是所谓的赠品营销。

在微商活动中，我们也可以采用这种营销方式来激发客户的购买欲望，比如卖瘦身产品的，是不是可以赠送一些健身卡；卖化妆品的，是不是可以赠送一些小包装的试用品；卖苹果的，是不是可以赠送些梨，等等。当然，赠送产品的价值一定要控制得当或者可以是一些无形的价值，这样，你的产品就会对客户产生更大吸引力。

“人之初，性本贪”，贪是人的本性，很多人都希望自己在购买某产品时有赠品，这是一种正常的心理，也是人的本性。那么，作为微商，除了了解这一点外，还要合理把握运用，这样，微商营销工作必然能起到事半功倍的效果。那么，在微商活动中，我们该如何选择赠品呢?

首先，选择客户需要的赠品。这是非常重要的一点，如果赠品客户用不着，那么对于客户来说就没有吸引力，自然也起不到激发客户购买欲望的作用。

其次，赠品的质量要有保证。虽然是赠品，不管价值有多高，一定要保证赠品的品质。有很多人觉得，赠品嘛，反正客户也不掏钱，品质高低无所谓。其实非常有所谓，赠品质量品质差，会严重影响主产品在客户心中的地位。所以，如果你不舍得在赠品上投入，那么干脆就不要送。

我有一个朋友是在微信朋友圈卖化妆品的，她的赠品策略是客户每买一套化妆品送 5 张补水面膜，每张面膜的成本是 1.2 元，5 张是 6 元钱，而她每销售一套化妆品的利润是 60 元。与那些不舍得赠品的微商相比，她虽然单套的利润没有他们高，但由于赠品营销策略，量提升了，所以，总的利润要比他们高很多。

最后，与主产品的相关性。赠品最好与主产品有一定的联系，这样可以更好地凸显主产品的价值。比如卖水果的，赠送一个削皮器；卖鱼竿的，赠送客户一些鱼钩，等等。这样对客户的诱惑力会更大。

8. 微商营销的合作互推模式

微商心语

微商营销 1+1，一定会大于 2。

太极拳有一个很大的特点，是四两拨千斤，为什么四两能够拨千斤呢？原理很简单，那就是借力打力。

在微商中，我们也应该学会借力打力的营销推广方式。我们知道，做微商最大的问题就是粉丝，朋友圈人越多，销售成功的概率才会越大。如果你的朋友圈没有几个人，那么你的产品卖给谁呢？

所以，有很多做微商的朋友一直在不断地加粉，甚至购买一些软件自动加粉，以此来提升朋友圈好友的人数。但是，当朋友圈的人数达到一定数量之后，我们又会发现一个问题，在这些人中，有一部分对你的产品根本不感兴趣，有一部分就是“僵尸粉”，有一部分是“点赞党”，有一部分已经将你拉黑，只有很少的一部分对你的产品感兴趣，或者购买了你的产品。也就是说，你的这些粉丝并不都是你的客户或潜在客户。要知道，我们宁可要 100 个“真”客户，也不要 10000 个粉丝，况且微信朋友圈对好友的数量有一定的限制，为此，对于微商来说，微信朋友圈的好友要的是质量，而不是数量。

那么，如何才能提升微信朋友圈粉丝的质量，有针对性地营销呢？合作互推模式就是一种不错的方法。

当你打开某些微信公众号的时候，是不是会发现一些相关的微信个人号？当你打开朋友圈的时候，是不是会看到一些朋友发的图片中带有他人的二维码？没错，这就是合作互推模式的一种。

和一些比较有影响力且粉丝众多的朋友合作，让对方在他的朋友圈中推广你，你在自己的朋友圈中推广对方，这样就能够达到一种互惠互利的效果。

当然，合作互推模式要达到一定的效果，必须把握一些技巧和策略，不能随便找一个人就进行合作推广。在选择推广对象时，有这样几点需要把握：

第一，粉丝数量。对方一定要有足够的粉丝，这样才能将你的信息广泛传播出去。如果对方朋友圈中有 100 个好友，而你有 3000 个好友，这对你来说显然是不平等的，因为你能将对方的信息传播给 3000 个人，而对方只能将你的信息传播给 100 个人。

第二，粉丝行业。你是卖化妆品的，和一个卖汽车配件的人进行互推，一定不会有太好的效果。因为化妆品和汽车配件几乎没有什么交集。卖汽车配件的人，他的朋友圈肯定大多都是汽车修理厂、维修店的人，且大多都是男性，根本不会重视美容问题。所以，互推效果一定不会太好。而如果选择和卖女装的人合作互推的话，效果一定会好很多。因为，卖女装的针对的客户是女性，你的化妆品针对的客户也是女性。

第三，粉丝质量。即使对方粉丝很多，但很多都是“僵尸粉”或者已将对方拉黑的话，那么，这些粉丝就起不到任何作用。有很多做微商的朋友喜欢和一些自媒体大咖合作互推营销，其原因就是这些自媒体大咖的粉丝质量较好。

9. 让人深信不疑的口碑营销

微商心语

微商的资本是个人品牌，个人品牌的稳固是用户的口碑。

我有一个朋友叫李海，有一天在和他聊天的过程中他无意中说道："以前我烟瘾特别重，媳妇很是反感我吸烟，但总是戒不了，为此还总是和媳妇吵架，前两天在微信朋友圈中买了一个××品牌的电子烟，没想到味道还不错，我现在已经有一个星期没吸烟了，我觉得我已经戒掉了。"

他在向我讲述的时候，言语之间表现出了喜悦之情。因为我也抽烟，而且烟瘾也不小，当然也一直想戒掉，毕竟吸烟有害健康嘛，所以，当时我就对他说的这个产品非常感兴趣，马上让他把对方通过微信介绍给我，并迅速买了一支。

试想一下，如果我的朋友圈中有人向我推荐类似的产品，而我是有需要的，我会这么果断地购买他的产品吗？

当然不会，我一定会仔细询问，深入了解，斟酌再三之后才会决定。而当朋友告诉我某产品非常好的时候，我便会果断快速地做决定，这便是口碑营销的魅力。在销售行业有这样一句话：销售员说十句好，不如客户说一句好。即使你的产品的确物美价廉，品质很好，当你向我介绍的时候，我依然会保持警惕心理，生怕被你忽悠了，这是每一个消费者的正常心理，原因很简单，因为你是销售员，你的目的是赚取更多的利润。而当朋友告诉我某产品非常好的时候，我一定会深刻记住，并相信。因为朋友是消费者，使用过或见证过该产品，产品与其没有利益关系。

所谓“250定律”，讲的就是这个道理，一个客户背后有250个潜在客户，赢得一位客户的认可，给客户留下良好的口碑后，他就可能将这种口碑传播给其他250个人，以此类推，进行裂变传播。显然，这种传播方式是非常有效的。

微商依靠的是互联网平台，基本要素是与客户构建信任。所以，微商更适合也更需要运用口碑营销。一个成功的口碑营销，有以下这样几点关键因素。

第一，鼓动。要让客户对我们的产品进行口口相传，首先要让客户对我们的产品感兴趣，鼓动客户了解产品，刺激其购买欲望，并让产品在其心中留下深刻的印象。比如在客户免费体验产品的过程中，将产品的优越性、可靠性、亮点等最大限度地展示给客户，让其感受到与众不同，这样客户才有可能将产品信息传播给其他人。

第二，价值。客户广而告之一个产品有这样几个原因：一是对客户有积极作用，如产品解决了客户的问题，让其觉得物有超值；或者通过传播可以给自己带来一定的价值，比如商家给客户的返利。二是给客户带来了消极作用，如产品质量服务很差，对客户造成了一定的损失，客户通过广而告之来平衡心中的不满。三是有趣，能够让客户产生愉悦感。如某些新潮产品，让人眼前一亮、耳目一新，他们就会将其作为一种谈资在茶余饭后进行传播。

以此来看，要让口碑营销达到效果，要么产品能够给客户带来积极的价值，让客户觉得物有超值；要么产品有特点，能够激发客户的兴趣点，甚至让其激动。

此外，微商本身就是在一个传播速度非常快的互联网平台上运作的，在营销中如能融入故事，那么传播中会带有丰富的情感，效果会更好。

第二章

QQ营销：疯狂的营销工具

10. QQ营销优势

微商心语

用聊天的方式进行营销。

QQ是我们最熟悉的一种即时聊天工具，作为中国网络上一个重要的自媒体，其营销作用非同小可，尤其对于微商来说，是一种必不可少的营销工具，下面我们来了解一下其营销特点。

适用性强

目前QQ的注册用户已经达到了10亿，同时在线人数超过了1亿，可以看出QQ已经成为众多网民必不可少的一种交流工具。有人曾经这样形象地比喻QQ：上网没有QQ，如同生活中没有了手机。对于覆盖率如此之大的网络通信工具，显然它的适用性也是非常之强，从营销的角度分析，非常有必要加以利用。

具有针对性

从QQ的功能来看，我们可以一对一地进行交流，也可以通过QQ群进行小范围的集体交流。这样的功能规则有助于我们对用户进行针对性的分类，方便我们进行针对性的交流。比如，我们可以根据每个用户的不同特点进行一对一的沟通，也可以根据群类型进行针对性的推广。

操作简单

如果你是内行，你应该明白很多营销方式都比较专业，操作起来比较复杂。而利用 QQ 推广却非常简单，只要你会打字，懂得聊天，通过简单学习，很快就可以上手，成为一名优秀的 QQ 营销高手。

超低成本

一台电脑，一条网线，再免费申请一个 QQ 号，就可以开始你的 QQ 营销了，如果要将效果做得更好，再每个月投入 10 元升级为 QQ 会员。这样的投入成本和其他营销方式相比，可以说是超低的。

长期有效性

用 QQ 营销，首先要寻找加入一些好友，与 QQ 好友建立良好的关系，这样的话你可以长期地对你的用户进行适当的营销，只要营销方法采用得当，对方不删除你或将你拉黑，对其的营销推广就可以长期进行下去。

营销效率高

由于 QQ 营销具有较强的针对性和长期有效性，所以它的转化效率也很高。比如我们是推销汽车的，在网络论坛或者 QQ 群里找到了一个准备购买汽车的用户，那么，你就可以通过 QQ 进行一对一的沟通交流。这种方法要比常规的撒网式寻找潜在客户的方法效率高很多。

11. QQ营销基本要素

微商心语

把微商运营要素与QQ营销要素有效结合起来，有效突出其各自优势。

QQ营销虽说效率高，适用性强，但由于营销的主体不同，采用的方式不同，效果也会有所不同，所以，在微商营销活动中，有下面几点要素需要把握。

瞄准特定人群推广

因为行业及个人爱好，QQ群在某个领域或对于某些人来说非常火爆，对于这一类人或这一行业，采用QQ营销无疑是最好的方式之一。比如减肥、汽车、出版等行业，这类用户大多热衷于QQ群。有些人是为了展示自己的才华，寻求满足感；有些人是为了学习更多的知识，提升自己。瞄准这类特定人群，利用QQ营销会取得更好的效果。

构建固定人群的黏性

产品营销的主要问题不是推广，而是在推广之后如何获得较高的转化率。比如有些潜在客户，第一次在QQ中看到你推广的内容时会在脑海中产生一定的印象，但如果其几个月才上一次QQ，势必会渐渐地淡忘掉之前关于你的产品信息的印象。为此，我们需要把这类潜在人群构建成固定人群，然后提升产品对其的黏性。比如创建一个自己的 QQ 群，将这类用户引导到你的群中，这样即使用户半年不登录 QQ 也没关系，但只要他登录 QQ 就能够看到你的群，看到群中的相关内容。这样不但固定了这类人群，而且还增加了产品对其的黏性。

适合产品发展初期的推广

对于已经在市场中形成较大影响力的产品，不太适合用 QQ 做营销推广，因为 QQ 推广很难带来较大的关注度和流量。

适合推广针对性强的产品

由于 QQ 营销的针对性强，所以适合推广一些简单、明确的产品和项目。比如你要通过一篇你写的文章、专题来提升自己的影响力，或者公司举行的一些线下活动，等等，都可以通过 QQ 进行推广宣传。

用 QQ 进行客户维护

维护现有客户是营销的重要工作之一，而通过 QQ 可以将这一工作做得更好。比如建立相关 QQ 群，让一些老客户加入群中，不时在群中制造话题，与用户探讨并进行日常的聊天，这样可以加强与用户的联系，增进彼此之间的感情。

挖掘潜在客户

不断挖掘开发潜在客户，促使老客户进行重复消费，是营销的目的之一。而用 QQ 营销也可以达到这一目的。比如我有一个朋友是做书画交易的，不久前她创建了一个“中国书画艺术交流群”，里面有一些她的老客户，也有一些感兴趣慕名加入的新客户。除了日常的互动外，她每个星期都会在群里举行一次书画拍卖，一元起拍，没想到效果出奇好，很多老客户都参与了拍卖，并重复购买。

12. QQ“形象”包装

微商心语

人靠衣装马靠鞍，微商 QQ 营销靠包装。

在常规营销中，无论你采用哪种方式和策略，气势、形象都是非常关键的一个因素，我们经常会看到一些营销活动请明星唱歌，请艺人做一些怪异的表演，甚至故意策划一些炒作活动，等等。其目的就是能够在第一时间吸引群众的注意，给群众留下一个深刻的印象。对于这种营销策略，暂且不说内容如何，就展现出的“形象”来说就是一种成功。

从营销的角度讲，QQ 自媒体也应该有一个“靓丽的形象”，这样用户才能在众多的好友中第一眼就看到你，并留下深刻的印象，对 QQ 的形象包装，有这样几点需要注意。

QQ 头像

QQ 头像是呈现给用户的第一印象，这里我们从营销的主体出发，对 QQ 头像的设置进行详细的解析。

△ 企业

如果你的微商主体是企业，目的是宣传企业文化、推广企业产品、提升人们对企业品牌的认知度。那么，QQ 头像要设置成企业的 Logo，目的是推广企业品牌，达到只要用户看到你们企业的 Logo 就能够想到你们企业，叫出你们企业名字的效果。就像我们看到三叉是的汽车标志时，就知道代表的是奔驰品牌；看到螺旋桨的汽车标志时，就知道那是宝马汽车；看到一个微笑慈祥的老爷爷时，就知道代表的是肯德基。

△ 个人

如果你的微商主体是个人，要树立个人的微商品牌，QQ 头像最好设置成个人头像，以此来扩散自己的个人品牌。

我有一个微商朋友，他的 QQ 头像就放着一张自己非常帅气的照片，每当我想找他的时候，不用看网名，点开好友列表，通过头像就能够迅速地找到他。就我个人来说，他的 QQ 头像给我留下了深刻的印象。从这一点可以充分说明，把 QQ 头像设置成个人头像，可以很好地把自己推荐出去。

△ 产品

有些微商人员经常会通过 QQ 来销售自己的产品，如一些卖茶叶的 QQ 好友向我推荐茶叶，但大多数都让我感到反感，并不是我不喝茶，而是感觉他们的推销方式很烂，不能给我留下深刻的印象。对此，我个人觉得如果你的目的是用 QQ 销售你的产品，那么就把 QQ 头像设置成你的产品照片。当你和对方聊天的时候，先让对方对你有一个基本认知，知道你可能是做什么的，否则，如果你唐突地向对方推荐产品，难免会让对方感觉到一种忽悠，从而产生抵触情绪。

网名（昵称）

网名是 QQ 好友中的一个代号，打开你的 QQ 好友列表，你会看到各种各样的网名，如“一支烟”“蓝枫”“预言文化”“蝴蝶”等，大多数网友都是根据自己的爱好随意设定的。但作为营销 QQ，网名不要根据自己的爱好随意设定，要有目的地设置一个营销网名。

△ 网名优化

以营销为目的的QQ网名一定是要优化的，要让网名起到广告推广的作用，让对方第一眼看到你的网名时，就能够吸引用户的关注，并留下深刻的印象。

比如有些用户的网名写的是“某某科技”，一看就知道是做科技产品的；有些用户写的是“某某苹果”，让一些有需求的人很明确地知道你就是他要找的人，方便与其直接联系，等等。当然，我们也可以直接用自己的名字命名，后面加上自己经营的内容，这类网名可以很好地将自己推广出去，如果再加上自己的头像，效果会更好。

△ 让QQ排名靠前的技巧

在QQ列表中，你的QQ排名越靠前，就越容易被用户发现，越能提高自己的曝光率。那么，该如何提高自己在好友列表中的排名呢?

很多人通常采用的方法是升级为QQ会员，之后QQ平台会自动将你排在列表前面，只不过这种方式需要自己付一定的费用。其实，通过QQ网名的设置也可以让自己的QQ在好友列表中排名靠前。比如在网名前面加一些特殊的符号，比如“★刘瑞军”、“#预言文化”等；或者以英文名字命名，比如“lisa”、“yuyan”等；或者在网名前面加上一个靠前的字母，比如“A预言文化”、“A企业管理营销研究室”等，这些方法都可以在不支付费用的情况下让自己的QQ在用户的好友列表中排名靠前。

个性签名

个性签名显示的位置是在头像右边，网名下边，从QQ界面来看是一个比较重要的位置。在他人QQ好友中显示的方式从左到右依次是：头像—网名—个性签名。也就是说，这三项内容好友不用点击你的资料，就能够在他的好友列表中看到。所以也是 QQ 很重要的一个“形象”因素。

从聊天休闲的角度讲，很多网友都会在个性签名中写一些个人心情，但从营销的角度讲，这个地方我们就不能写个人心情了，而是要编辑一些具有广告效应的内容。我们还是从营销主体出发，逐一进行分析。

△ 企业品牌推广

最好以能够说明企业实力的内容为主，不可像企业简介那样太长，因为个性签名里面显示的字数是有限的，简短简洁最好。

△ 个人品牌推广

对于个人品牌推广宣传，如果前面有了你的头像、名字，那么，在这里一方面你可以简单表述自己的特长，目的是进一步说明自己，给用户留下更深刻的印象。另一方面可以将最近的活动宣传放在里面，比如：“产品促销，截止日期……”

13. QQ必守的七个沟通技巧

微商心语

有效的沟通，才会产生有效的营销。

要让 QQ 营销起到直接的作用，就要重视与用户的互动交流。沟通交流得好，就会赢得对方的好感，否则，就会让对方产生厌烦情绪。根据网络环境特点，这里我列出了 7 个 QQ 沟通技巧供大家参考。

常用的语气词

日常交流中，我们经常会用一些语气助词，这些语气词用得好，可以起到事半功倍的效果；用得不好，则会影响沟通。

曾经有一个推销办公系统软件的销售员利用QQ在网上找到我，问我需不需要办公系统软件，当时我也正好想要一套办公系统，所以就开始和他聊，但是在聊天的过程中，我说太贵了，他回复我“哦”，然后我说了一个我心中理想的价格，他回复我“呵呵”，然后过了好半天，才说不行什么的。当时我购买的欲望一下子没有了，迅速将他拉进了黑名单。

后来我做了一个调查，问题是：你最讨厌怎样的聊天方式？百分之八十的人回答是用“哦”“呵呵”回答的人。显然，用QQ聊天，语气词可以用，但切不可乱用，尤其是利用QQ做营销的时候，语气词用得恰当，可以拉近彼此之间的距离；用得不好，则会让对方对你失去兴趣。

有一个网友对此现象总结道：“‘嘿嘿’太玩笑，‘哈哈’太随意，‘嘻嘻’太幼稚，‘呵呵’太敷衍，‘啊’感觉跟神经病一样，‘哈’感觉只有女孩才这么干！”

形象的“肢体语言”

聊天中我们经常会使用一些表情，比如龇牙的、微笑的、偷笑的、害羞的、白眼的、晕的，等等。使用这些表情可以表达我们当时的心情感受，表达我们对对方观点的态度和心情。

但是，如同以上那些语气助词一样，如果使用不当，依然会造成适得其反的效果。比如在你向对方报价的过程中，对方告诉你太贵了，而且他表达的方式有些幽默，如：“你们的产品和金子有一比啊！”你听了之后觉得对方说话的方式很有意思，然后发了一个龇牙的表情，想要表达的是对方说话很有意思。可是对方在看到这个表情之后不会这样想，他可能会觉得你在嘲笑自己没见过世面，不知道行情，这样不仅会得罪对方，还有可能会让对方和你在 QQ 上“开战”。

所以，在营销中，使用 QQ 表情时，始终要站在用户的角度上去考虑，有助于沟通的用，模棱两可不知道是否有利于沟通的则不用。

恰当的称呼拉近彼此距离

在日常生活中，平常出去逛街买东西或者吃饭的时候，男性通常会被称作帅哥，女性通常会被叫作美女，且不看男的到底帅不帅，女的到底美不美，几乎都会被冠以这样的称呼，目的无非就是想拉近彼此之间的距离。在 QQ 营销中，不可随意地称呼对方，在称呼对方时，以尊重对方及抬高对方为基础。比如，有些人称呼对方时喜欢用“小”字，什么小张、小刘，等等。“小”字是长辈对晚辈、上级对下级的一种称呼，如果我们面对的是客户，在和对方不熟悉的情况下，无论对方年龄多小、职位多低，都不可用“小”字来称呼。称呼对方为李兄、刘大哥、王总等更为合适。

把握用户的聊天节奏

在利用 QQ 营销中，通常与用户的沟通是通过打字进行的，关于打字，有的人打字速度快，一分钟能打 120 个字，而有的人打字速度慢，一分钟可能只能打 50 个字。这样就会出现一个问题，如果你打字快，用户打字慢，可能你打四五句话，用户能打一句话，你提出好几个问题，用户只回答了一个问题，在这种沟通状态下，就会给用户造成一种压力，容易让对方产生烦躁的情绪。所以，你需要适应客户的节奏来沟通，让自己的速度慢下来。回复用户信息的速度应根据探讨的问题来调整，要把握好节奏。

给用户一种舒适的字体

QQ聊天工具默认的字体为10号黑色宋体字，有些朋友为了追求个性，会将字体进行修改，比如修改成大红大绿、火星文等。但在QQ营销中，这种方式会造成一些消极因素。比如纯绿、纯黄的字体非常刺眼，容易让对方感到不舒服；火星文阅读起来比较困难，给用户造成阅读障碍，等等。如果要修改，可以将字体放大，将10号字体改成15号左右，这样会便于对方阅读。

沟通时间要选准

QQ营销最好的推广时间通常应该是：中午1点到2点。这个时候很多人刚吃过饭，处于午休时间，如果在线，可能在利用网络休闲，对方也愿意和你沟通；晚上8点到10点。这个时间大多数人刚吃过饭，也是处于一种休闲状态，沟通推广效果会更好。

切勿随便弹窗

QQ沟通交流不要轻易地发弹窗（即发送视频邀请）或是振动，即使在和对方沟通的过程中，对方突然没有消息，也不要弹窗，要耐心地等待，表现出自己的诚意。

14. 企业QQ营销策略

微商心语

微商不是个人的专利，QQ营销也不是个人独有，微商企业QQ营销更具特点。

企业 QQ 的特点与优势

△ 专业的号码

QQ 号码以 400 或者 800 开头，如同企业平常使用的 400 或者 800 电话一样，从号码上区分了个人 QQ 和企业 QQ，能够给用户一种权威感。

△ 群发功能

企业营销 QQ，群发功能比较强大，一次可群发给 10 万个 QQ 好友，也就是说企业营销 QQ 的好友上限是 10 万个，你可以将信息同时群发给这 10 万个中的每一个好友。此外，企业营销 QQ 还具有群发调查表、节假日定时群发等功能。比如你要对你推广的产品做一个调查，那么可以将设置好的调查表群发给每一位用户，这样可有效地提高工作效率。

△ 管理功能

普通 QQ 一台电脑只能登录一个 QQ，也就是说一个 QQ 不能多人操作，而企业营销 QQ 则不同，一个 QQ 可以多人登录，多人操作，对外显示的则是一个号码。这对企业营销来说将方便很多，在一定程度上可以提升营销的力度。比如公司有 8 个营销人员，这 8 个营销人员可以同时用这一个 QQ 号码进行营销，互不干扰。

△ 操作功能

企业营销 QQ 除具有普通 QQ 的营销推广功能外，一个聊天窗口还可以应对上百个客户，如同现在的淘宝卖家一样，一个聊天窗口可以同时与多名客户进行沟通交流，操作更为方便快捷。

也许之前我们一直在用普通 QQ 进行推广营销，里面积累了很多潜在以及成交客户，如果改用企业营销 QQ，可将原来的客户进行一键导入，实现集中管理。

企业QQ操作技巧

从营销的角度讲，企业营销QQ的功能要优于普通QQ，当然，要使用这些功能是需要付出一定费用的。在运用企业营销QQ时，为了把营销效果最大化，以下几点我们需要重视。

△ QQ号码和企业电话号码设为一致

如果企业有400或者800电话，不妨将电话号码和QQ号码设置成一样的，一方面容易让客户记住；另一方面无形中也显示了公司的档次。

△ 聊天窗口优化设置

我看到很多企业的营销QQ聊天窗口放的是相册、动态等东西，这些东西虽说可以向用户展示企业优势的一面，但营销效果并不是很好，最好的方式是在聊天窗口右边放上公司Logo、公司网站链接、营业执照、获得的相关证书及联系方式等，这样在有效将公司品牌宣传推广出去的同时，也显示了企业的权威性和正规性，能提升用户对企业的信任感。

△ 将企业营销QQ与企业网站绑定

这样的话企业营销QQ就可以一天24小时在线，只要有用户去访问企业网站，企业营销QQ便可以自动识别，并加来访者为好友，从而有效收集到潜在客户的信息，便于营销人员进一步沟通。

△ 网名备注

不管是普通QQ还是企业营销QQ，这一功能对于营销者来说非常实用。我们可以利用这一功能对客户进行标注，比如备注成："成交客户""潜在客户""老客户"等。当然，还可以根据自己的营销方式进行备注。这样便于我们在营销过程中更加有针对性地推广，采用更加有效的推广方式与用户沟通。

15. QQ空间营销技巧

微商心语

微商 QQ 空间，你的地盘你做主。

QQ 营销的价值是我们有目共睹的，而且已经被很多人发挥得淋漓尽致，充分推动了微商的蓬勃发展。QQ 空间作为 QQ 功能的一部分，也是一个非常优质的营销推广平台，不仅可以把我们的产品或者品牌推广出去，而且还能够带来长远的品牌效应。

QQ 空间营销特征

我们公司有一个员工，29 岁，每天中午吃完饭后我总能够看到他浏览自己的 QQ 空间，看似很享受的样子。有一天我问他："你每天盯着这看有啥意思，什么东西这么吸引你啊？"

他说："看看朋友最近都在干啥，你看以前给我们讲课的那个培训师，最近在三亚参加活动呢，看来这位老师影响力很大啊！"我一看，果然是之前邀请来给我们公司为员工做过微商讲师，在空间中发了很多和领导、学员合影的照片。

从这件事情上可以说明两个问题；一是很多人都在利用 QQ 空间营销自己，而且效果还不错。二是使用 QQ 空间的大多为 35 岁以下的年轻一族，比如我是在这位员工的影响下才开始使用 QQ 空间，而这位员工显然已经使用 QQ 空间很长时间。从这两点出发，我们可以根据营销的主体来有针对性地装扮空间，确定 QQ 空间营销方向和策略。

QQ 空间的设置

QQ 空间的设置很重要，一个精心设计的空间会给好友留下深刻的印象，同时能够起到事半功倍的营销效果。很多营销人员将 QQ 空间都装扮成了企业官网，用户在打开 QQ 空间后看到的是网站的形式，导航链接、首页内容一应俱全，用户从这里还可以直接进入企业的主网站。从而提升了 QQ 空间的权威性以及用户对 QQ 空间的信任感。

QQ 空间营销技巧

△ 软文营销

当前网站最火最常用也是最有用的营销方法就是软文营销，因为软文可以在任何一个自媒体平台上进行推广。QQ 空间的日志功能就是一个非常适合软文营销的平台，因为有庞大的 QQ 用户，只要内容精彩，就容易获得较大的点击量。

△ 相册营销

很多时候在空间相册里我们放的只是自己或朋友同学的照片，这样营销的其实就是自己和朋友同学，

如果我们将营销的产品放在相册中，则产品就会得到很好的推广。需要注意的是，在我们将产品传到相册的时候，在相册的下面注意添加说明，打上水印，并且对相册进行分类，便于用户浏览的同时，也将 QQ 空间相册的营销能力放到最大。

△ QQ 空间和腾讯微博结合营销

微博是目前最流行的自媒体之一，腾讯微博在近几年的发展中，也逐渐庞大起来。因为腾讯微博和 QQ 空间是在一个平台之上，所以，QQ 空间的有些营销内容可以同时分享到腾讯微博当中去。比如

把 QQ 空间日志里面的软营销分享到腾讯微博中，一方面扩大了推广范围，另一方面可吸引更多的好友来关注你的 QQ 空间，从而达到一种两者相互推动影响的效果。

△ 每天及时更新空间内容

每天及时更新空间内容的目的是让好友在打开自己的 QQ 空间时，就能够看到你的空间信息，从而引导他们进行点读。比如添加新的照片，编辑新的营销日志，更换说说内容，等等。

需要注意的，更新 QQ 空间内容需要有规律地去做，最好的更新时间是每天早上 10 点到下午 3 点，晚上 8 点到 9 点。这个时间段是用户阅读 QQ 空间的高峰期，用户更容易看到我们的更新信息。

16. 如何吸引好友转载你的日志

微商心语

微商软文营销，转发的人越多，则效果越好。

QQ 空间日志是一个很好的软文推广平台，而且在内容中也可以插入相应的图片，更好地来展示我们所经营的产品。玩过微博营销的人都知道，只有自己发布的内容被转载得越多，才会有越多的人看到，营销效果才会更好，QQ 空间日志也是如此。

但 QQ 空间日志的内容大多只能被 QQ 好友所看到，从营销的角度讲，这个圈子着实太小，日志的营销效果不能完全发挥出来。而要改变这一点，日志内容必须要有聚集化的特点，主要有以下几点。

有价值的内容

日志内容要想赢得用户的转载，最基本的一点就是对用户有用，不管是实用性、娱乐性、纪念回忆性，都必须是客户有需求的，能够给客户带来一定的价值。我们可以从营销主体行业中找到一些产品新技术、行业新闻等方面的文章，里面插入你做微商的微信号，这样很有可能会让同行业的好友转载收藏。

有趣味的内容

日志内容的趣味性是引导相当一部分人点击查看并转载的原因之一，因为有相当一部分人玩QQ，看QQ空间的目的就是娱乐、玩，找一些有趣的东西。因此，日志内容也需要带有一定的趣味性，让用户读了之后能够身心愉悦，有所收获。

此外，内容最好能够引起大家兴趣然后进行讨论，很多产品都是在讨论中被众人熟知的。比如当前某些人在网络上的炒作，典型的例子就是当年网络中的芙蓉姐姐和凤姐，她们的行为虽然有些不符合常理，但是却引起了众多网友的讨论，使得每一个网友都想发表自己的观点，对此事进行评判。而网友们越是这样，她们就越会被更多的人所熟知，结果就是：她们“红”了。不管这个“红”是褒义还是贬义，事实是我们很多人知道了她。

在某地举行了一个车展，在车展上发生了这样一件事。有一对夫妇去看车，女人看上了某品牌车型，而男人不让买，女人为了买到这款车，当场划伤了车漆，逼迫男人掏钱结账。这个事情被媒体曝出后，引起了很多人的讨论。无论大家讨论的结果如何，这个品牌的汽车被人们熟知了这才是事实。不管这件事情是人为策划的，还是确有其事，从营销的角度讲，收益最大的就是该汽车品牌。

我们的QQ空间日志也需要这样有趣味性的内容，巧妙地加入微商主号或主产品，并引起大家的讨论，这样很多用户就会把你的日志转载到自己的空间，在相互讨论的过程中，把你的营销主体推广出去。

巧用风头信息

当下很多人对一些负面新闻非常感兴趣。就拿我自己来说，可能是受社会环境的影响，我对这方面的消息也比较感兴趣。比如某某官员落马了、某某高管包养情妇被调查、某大品牌公司出现了金融危机、某行业出现了倒闭潮，等等。这些“风头信息”总能够赢得大多数好友的关注。之所以会赢得大多数的关注，一方面是因为这些信息具有娱乐性，另一方面是有些信息与自己的切身利益相关。

既然人们对这类信息如此感兴趣，那么，我们不妨巧妙地利用这些信息，将自己推广的主体产品及微商号融入这些信息里面，让用户转载阅读的同时，也将自己营销的主体产品转载阅读，在这些信息“爆炸”的同时，也让自己所推广的主体产品“爆炸”。以此达到营销的目的。

最后，有一个日志列表格式的技巧需要把握。据调查，列表式的日志转载率要比其他格式高一些，原因是与人们的阅读习惯有关。所以在选择日志格式的时候，在没有特殊要求的情况下，可选择列表式日志。

17. QQ群营销技巧

微商心语

圈子、人脉、六度空间，深度开发社群潜能，充分发挥营销优势。

当前，每个玩QQ的人99%的都在使用QQ群，每个使用QQ群的营销者，100%的人都在使用QQ群进行推广营销。那么，作为微商，运用QQ群进行社群营销，也是必不可少的武器之一。

QQ群之所以会受到这么多营销人员的喜欢与青睐，主要因为有这样一些特征：操作简单、成本低以及互动性强。只要懂得QQ聊天，就可以运用QQ群营销推广，而且成本几乎为零，不管是加入别人的群还是自己创建群，都不需要花费金钱，只需要付出一定的时间和精力。在群里推送完消息之后，马上就可以看到群友的反应，能够及时地与用户互动。

那么，我们该如何玩转QQ群呢?

加入QQ群

加入他人创建的QQ群是QQ群营销的第一步，加群看似简单，其实需要把握一定的技巧。有些人QQ中加入了很多QQ群，但营销效果很差，而有些人加入的QQ群虽然不多，但营销效果却非常的好，原因就是忽略了选择QQ群的要点。所以，我们在加入QQ群中，需要注意以下几点。

△ 微商自我营销定位

先谋而后动，有计划目标地去做事，成功的概率会更大。我们需要先根据自己的业务特点进行准确的自我定位，确定目标人群，分析自己的用户会出现在哪些群里，如果你销售的是关于汽车装饰方面的产品，那么，目标人群就是：有车一族、汽车美容装饰店老板等。这些人最容易出现的群便是汽车讨论群、汽车美容装饰交流群，等等。如果你推广的是保养嗓子的保健品，那么，目标人群就是：教师、播音员、主持人、歌手等。

△ 寻找相关的 QQ 社群

根据营销的主体对目标人群进行准确定位之后，这些人群所在的 QQ 群也会显得更加清晰，寻找相关 QQ 群会更加具有针对性。比如在搜群的时候结合之前对营销主体的目标人群定位，比如销售化妆品的在搜群功能中输入“美容”“面膜”“爱美”等关键词，会找到合适的 QQ 群。此外，我们还可以到一些网络论坛寻找合适的 QQ 群。

△ 选择合适的 QQ 社群

通过搜索找到的目标 QQ 群，并不都适合加入，我们需要筛选出一些高质量的 QQ 群加入，否则，会影响营销的效果。有以下三点需要注意。

一是群成员少于 200 人的群不要加入。群成员少意味着目标客户少，群等级低，营销的效果也会明显降低。

二是活跃度差的群不要加入。活跃度差说明此群没有热情，也许一年也不会有人说一句话，对于营销来说没有意义。

三是群成员同质化严重的群不要加入。

此外，不管加入的是质量多高的群，如果没有通过率，一切都是白做。所以，为了提高加群时的通过率，填写验证信息时需要把握一定的技巧。比如："同行业交流学习，烦请群主通过""刚刚退错群了，麻烦群主再通过一下啊""××（群主的昵称），希望融入您的大家庭哦"，等等。

△ 加群后的注意事项

很多人在加入QQ群之后，在群主通过的第一时间便开始发广告，接着被群主一脚踢了出来。所以，一进群就发广告做推广是一种极其错误的做法。

首先，优化自己的群名片，看看群主有没有要求统一马甲，如果有，就按照要求对自己的马甲进行修改。如果没有，也要对群昵称进行修改，因为这里涉及一个在群中排名靠前靠后的问题。除群主与管理员外，昵称开头字母排名越靠前，则在群中的排名越靠前。比如昵称开头字母有一个A，那么，在群中列表的排名就会靠前。此外，QQ有很多种状态，如：在线、隐身、Q我吧、忙碌等。将状态设置为Q我吧，这样也可以升高在群列表的排名。

其次，混个熟脸，站稳脚跟。没事的时候多参加群里的讨论，最好能够与群里的大多数成员都认识。然后再进行产品推广，偶尔做个广告，群成员也不会有太大的意见，群主也不会轻易地将你踢出。

创建QQ群

创建自己的QQ社群，会让我们具有更多的营销自主权，让用户更加具有黏性，当然，在创建自己的QQ群时，首先需要一定的资源，比如人脉、粉丝、用户等。其次，要选择正确的方向类别。

△ 群名称

QQ群的名字代表着群的方向、定位甚至功能。在设置名称的时候要站在微商营销的角度考虑，让用户通过搜索功能第一时间搜到你的群。

△ 申请 QQ 会员

如果有必要，你可以申请成为 QQ 会员，虽然说要付出一定的金钱，但是，QQ 会员可以享受更多的 QQ 群权利，比如提升群的最高人数，提升创建群的数量等。

△ 制定群规

俗话说："无规矩不成方圆。"只有制定了相关规定之后才能让事物朝着健康的方向发展，朝着自己想要的方向甚至有利于自己的方向发展。在一些 QQ 群中，我们都能够在公告板中看到一些群规，比如：禁止发广告、每天只能发一次广告、每天发广告的时间为几点到几点、群内不准说脏话等。从营销的角度考虑，在制定群规时，需要考虑以下几个问题。

（1）你希望群成员看到哪些信息，不希望看到哪些信息?

（2）你希望塑造一个什么样的群气氛?

（3）你希望群管理员在群里做些什么事情?

（4）你希望群给你带来什么样的利益?

△ 保证优质的群成员

对于不太活跃、高频率发广告以及在群中具有消极影响的群成员要定期清理；还可以从一些活跃的群里邀请一些高质量的群成员，以保证群成员的优质度。

△ 选择称职的管理员

管理员除了保证群成员不违反群规外，还要活跃群内的气氛，适时引出一些探讨性的话题，引导群成员参与。所以在选择管理员时，尽量选择性格外向、原则性强，行业内的人员。

△ 适时举办线下活动

增加线下活动可以提升群成员的凝聚力，让群的生命力更持久。

在微营销中，只有线上与线下结合起来，才能达到最好的效果。

QQ 群营销技巧

不管是自己创键的 QQ 群，还是在他人的 QQ 群里面做营销，在进行微营销时，都需要把握一定的技巧与策略。

△ 群发消息技巧

（1）推广内容坚守少而精的原则，每天最好只发一次。不要只是简单的几个字，要制作得漂亮一些，给人一种新鲜感。

（2）内容最好能够图文结合，与群主题相关，以此来提升营销内容的可读性。还可以提出一些敏感性的问题，来激发与群友的互动性，从而提高营销质量。

（3）群发营销信息的时间最好在中午 12 点 30 分到 13 点 30 分之间，晚上 20 点到 21 点 30 分之间，这段时间正好是大多数刚吃完饭休息的时间，在线人数较多。

△ 在他人 QQ 群营销时需注意的问题

（1）与群主建立良好关系，尽量维护群主的意见。可主动找群主私聊，然后加其为好友，通过探讨一些问题来拉近彼此的距离。如有可能，可与群主合作进行营销推广。

（2）专门针对活跃的用户推广。活跃用户往往是群中观点的引导者，群中所有用户对其都会有较深的印象，如果和这类成员成交，那么，在他的影响下其他成员和你成交的可能性会更大。

（3）群发广告信息时要“客气”。不要一上来就是硬生生的广告，这样很容易让群主和群成员感到反感。比如在信息开头写上：“不好意思打扰各位了，有个信息需要和大家分享一下……”或者在结尾的时候写上“感谢群主提供的宝贵平台，祝大家财源广进”等等。

18. QQ微博营销

微商心语

QQ微博营销，充分发挥其QQ用户量庞大的优势。

腾讯微博是基于腾讯QQ交流工具基础之上，而开发出的一款具有让用户分享传播数据的平台，与其他网站的微博一样，腾讯微博具有传播信息及与好友分享信息的功能。当然，也具有营销的功能，而且腾讯微博与其他微博相比，最大的特点就是它具有强大的QQ用户量做后盾，因此，在营销中，具有一些鲜明的特点。

QQ微博的特点

△ 潜在用户量大

每个QQ都对应着一个腾讯微博，反过来说，每个腾讯微博背后都对应着一个QQ用户，几亿的QQ用户足以推动腾讯微博的强大互动性。

△ 普通用户的转载率和互动性大

曾经有人在新浪微博和腾讯微博做过这样一个实验，同样是1000个左右的粉丝，信息发出之后，在腾讯微博的转载量要大于新浪微博，这是什么原因呢？其主要是因为它们各自的特点造成的。新浪微博名人较多，大多数人都在关注名人的微博，刷频屏高，普通人的信息发出去之后很快就被淹没了，好友很难看得到。而腾讯微博不同，名人虽然少，但认识熟悉的人多，信息发出之后大多数都能够被粉丝好友看到，转载率和互动性自然会大一些。

△ 用户黏性强

由于腾讯微博只需要通过QQ聊天软件界面就可以登录，所以人们在使用QQ的同时，进入微博会更加的方便快速，不需要重新输入账号和密码，极大地方便了用户。当然，这也是腾讯微博的先天优势。

腾讯微博提升听众的方法

在不知不觉中，我的腾讯微博已经运营了有3年时间，从一个默默无闻的小号被大家慢慢地接受并熟知，期间发生了很多的事情，我也付出了很多的心血。总结我个人用腾讯微博营销的经验，以及研究学习一些成功腾讯微博的运营方法，其中虽说有很多的技巧，但最重要的还是如何提升有质量的听众人数，就如一位朋友针对腾讯微博说的："你没有听众怎么会有人给你转播，你听众少了怎么会有大号愿意给你转播。"下面我们来分享几条提高腾讯微博听众的方法。

△ 优化资料

和使用QQ一样，首先完善优化个人资料，比如名字、标签、个人介绍、微博地址，等等。让对你感兴趣的人能够对你有一个初步的了解与认识，感觉到你的诚信，从而促使他们收听你。

△ 加入微博求听众

首先，选微博时要根据自己的营销主体及目标群体来选择，这样的营销才会更有针对性。其次，微群的人数也是一个很重要的参考标准，通常微群的封顶人数是一万人，所以我们最好选择加入六千人以上的微群，当然，人数越多越好。加入微群后要踊跃发言，引起大家对你的注意。

△ 私聊求听众

这是最老套的一个方法，当然也是最实用的一个方法。主要形式就是找微博好友一对一地进行交流，需要花费较多的时间与精力。不过对于一些高质量的用户来说，这种方法是最合适且最有效的。因为对方能足够地感受到你对他的重视程度，所以，通常会收听你。

△ 跟踪收听求听众

所谓跟踪收听，就是找到一些活跃且符合你营销主体及目标群体的用户，然后关注跟踪他收听的听众，以及收听他的听众，最后对这些听众进行收听。这样由于这些听众大多都是与你营销的主体有关系的，而且你收听了他们，他们在看到你微博的相关资料后，通常也会对你进行收听。

总之，利用 QQ 微博进行微营销具有很多其他自媒体地不具有的优势，把握其中的要点和特点，对我们的微商就能够起到锦上添花的作用。

19. QQ自媒体组合运用

微商心语

QQ 细分出了很多自媒体平台，每个平台都有其各自的优势和特点，如能将这些平台整合，便能起到 1+1>2 的效果。

我有一位一直默默崇拜的人，他是某大学讲经济管理课的老师，姓王，网络中我一直称他为老王。我之所以会持续地关注他，是因为他博客中的一些关于经济及企业管理方面的文章。对于我来说，他的文章每一篇都是经典，都能够一针见血地说明问题。这也是吸引我点击他文章的原因之一。

虽说他的文章点击量很高，但是用户的黏性不太好，这从用户给他的留言量上就可以看出来。不得不承认这个老师非常的有才华，从他的博客文章中可以看出他对当下企业经营非常有研究，也指导过一些中小企业的发展，从他的博客中可以看出也有相当一部分铁杆粉丝，比如我就是其中一位，但是，他在业界的影响力却没有像他博客中的文章那样震撼，很多人都是无意中在他的博客中认识了他。主要原因是他没有将自己很好地营销出去，而且我认为，最主要的原因是他没有将一些自媒体平台组合运用。

他只是运用博客这样一个自媒体，传播渠道也很单一，营销的效果自然也是单一的。如果他能够结合其他自媒体，将他的那些文章用其他自媒体同时做推广，那么以他的能力，必定会成为行业明星。

微商营销也是如此，我们很多人总是在微信中进行推广，似乎忘了网络中还有很多类似的平台，虽然某些平台不起眼，但也有很多的用户。

比如QQ，作为最快捷及时的传播工具，利用博客的同时再运用QQ做营销，然后将QQ的所有营销功能进一步组合运用，必然会有出其不意的营销效果。

这里我主要来分析一下QQ自媒体各功能的组合营销。

QQ聊天工具与QQ群的组合

这两个功能是处于一个平台界面上的，两者之间有很密切的联系，通过QQ聊天工具的界面就可以申请、打开QQ群。因此，两者配合起来一起营销是最为合适的。以老张为例，可这样操作：

（1）申请一个专门用来推广自己的 QQ 号，将此 QQ 号码放在他所写的文章里面，一起在博客中发表，吸引更多业内人士主动加老张为好友。

（2）通过 QQ 聊天工具与好友沟通交流，并达到一定程度的熟识，建立良好的关系。

（3）创建 QQ 群，邀请好友加入你创建的 QQ 群中。因为之前已经通过 QQ 聊天彼此建立了关系，所以这时的邀请，基本上所有人都会同意。

（4）私人问题、个人业务问题可私聊解决，公众问题、学术探讨问题可在 QQ 群中讨论。这样既营销了自己，赢得了业务，也聚集了人气。

QQ 空间与 QQ 群的组合

还是以老张的故事为例，来阐述 QQ 空间与 QQ 群的组合营销方法。

（1）申请多个 QQ 号，必要时可花钱买一些 QQ 号码。然后寻找加入一些 QQ 群。注意加群时尽量加一些活跃度高且人数多的高级群，以保证有高质量的 QQ 好友。

（2）在不同的时间段加入 QQ 群中的好友，尤其是群中比较活跃的人，每个 QQ 里面都要尽可能多地加好友。分时间段是为了避免同一时间多个 QQ 号加同一个 QQ 群好友而让其产生逆反心理。

（3）写一篇高质量的关于企业管理方面的软文，这对于老张来说是“小菜”一碟。在软文里面加入自己的其他自媒体联系方式，如果是企业单位可加入自己的官方网站等。

（4）将此软文以日志的形式发布到其中一个 QQ 空间中，并且进行置顶。然后用其他的 QQ 空间对这篇日志进行转载分享。

（5）由于每个 QQ 号码里面都是对企业管理感兴趣的用户，也就是说都是业内用户，看到这篇精彩的日志后基本都会转发到自己的空间，这样便实现了病毒式的传播。

QQ 空间与 QQ 微博的组合

QQ 空间与微博的主要关系就是分享转播功能，尤其是在 QQ 空间经营得不错，QQ 好友数量及开通 QQ 微博人数众多的情况下，两者之间的组合营销可以让营销主体更加发扬光大。

（1）从 QQ 空间转发分享到 QQ 微博。在写每篇日志的时候，内容加入你的微博号或者微博二维码。此外，在发布时，选择“同步到微博”，这样日志或者照片发布到空间的同时也会在 QQ 微博上发布。这种方式可以将 QQ 空间和 QQ 微博有效地连接在一起。

（2）多个 QQ 微博互相转播。内容在 QQ 微博中发布后，如果你有多个 QQ 号码，可进行相互转播，以提升内容扩散力。在企业或者营销团队中，可组织团队成员有时间段地进行微博转发。比如在中午 1 点左右的时候转发一批，在晚上 8 点左右的时候转发一批，这样可极大地提升用户的点击阅读率。

第三章

微博营销：
随时随地传递你的信息

20. 微博营销的特点

微商心语

微博玩得好，也可以当饭吃。

微博又称为微博客，用户可以在这个平台上用电脑、手机进行信息分享、传播及获取，传播形式主要为文字、图片及视频。微商可以利用微博的特性进行有效甚至是高效营销，往往可以达到意想不到的效果。

微博营销的特点

新浪微博是中国门户网站第一家提供微博服务的网站，目前除了新浪微博之外还有其他众多的微博，比如：腾讯微博、网易微博、搜狐微博等。微博的信息传播方式主要是文字、图片、视频等，对于微商来说，微博最大的优势就是它发布信息快速，传播速度快速。比如你有100万粉丝，那么你发布的信息就能够瞬间传播给这100万人。

微博营销是一种新型的网络营销模式，它随着微博的火热而应运而生，并以其高度的开放性、便捷性、原创性等特点顺应了信息传播方式变出的大趋势，成为一种最新的互联网应用模式。与传统营销相比，微博营销这种新型的营销方式变现除较多的独特性，这些独特性也正是微博营销如此受人青睐的根本原因所在。

粉丝量决定传播速度与传播量

营销效率在于发布信息的传播速度与传播量，而影响这两者的便是粉丝量。举个例子来说，如果你的粉丝量只有 10 个，那一条信息发布出去之后首先产生的效应便是传播给了 10 个人，然后再经这 10 个人转发传播产生二次效应、三次效应。那么试想一下，如果你的粉丝量是 100 个、100 万个、800 万个呢？它的传播速度会更快，它决定着你点击发布的那一刻，有多少人看到你所发的消息，决定着你在完成首次传播后，有多少人帮你完成人数翻倍的二次、三次传播。

吸纳粉丝通常有两个方法：一是通过搜索功能关注你已经知道的朋友账号或者客户账号，然后让他们与你进行互粉；二是通过微博推荐加入一些名人或与你的行业相关的大咖，也可以通过行业分类搜索寻找你感兴趣的微博好友进行关注。

第一条微博发什么很关键

第一条微博发出去之后，粉丝的反应及产生的最终效果都是不同的，这也说明了这些微博主的经营方向及风格。如果我们是用微博来做营销的，不管是做个人营销还是企业营销，第一条微博发什么，取决于你营销的主体、推广宣传的方向、想要给大众呈现一种什么样的风格及想让大众知道你是什么性格的人等。

利用手机进行微博营销

随着智能手机的普及，用手机刷微博已经成为众多用户的一个习惯，用手机经营微博与电脑相比，最大的优点就是方便，可以随时随地进行操作。比如在活动现场，你可以进行拍照后即时上传，真正达到现场直播互动的作用。也可以发布一些即时的感想与想法，这样便会让你的微博处于一个随时更新的状态。

21. 企业微博营销技巧

微商心语

企业营销方式应多样化，利用微博多元化特性，提升品牌公信力与影响力。

一个企业品牌理念的形成及推广是长期的过程，并且需要大量的信息传播，这就意味着在传统营销中塑造一个企业品牌是需要大量的资金和时间投入的，这对任何一个企业来说都是一个不小的难题，而微博营销成本低、传播范围广的特点正像利剑一般直刺这道难题的中心。

基本设置，简单易识别

企业微博的主要功用就是帮助企业营销，为企业积累丰富的客户资源，推动企业快速发展，提升企业业绩。通常在企业微博中，头像设置为企业的 Logo，名称为企业简称，背景多以企业鸟瞰图或产品为主，布局偏向于企业网站的形式。这些因素都关系着其他用户是否能够更快地识别你的企业微博。

发布信息要找准时机

由于企业微博关系到企业的利益，代表的是企业形象，所以在发布前必须审核，避免发布一些不当信息。其次是发布时间，根据信息所针对的客户群体，了解分析他们的作息时间，然后在最恰当的时间将信息发布出去，保证他们能够第一时间看到相关信息。最后是抢占第一屏，也就是说，尽量在用户打开微博时，第一时间就能够看到你发布的信息，比如用户早上醒来打开手机微博后，能够第一时间看到你发布的信息，就达到了最好的效果。

危机公关的理想选择

企业在遭受信誉等危机的时候，传统方法是通过媒体进行危机公关。但我们知道传统媒体无论是电视媒体还是纸媒都具有时效性，企业的公关信息很少能够在第一时间呈现在人们眼前，而微博刚好相反，微博是实时更新的，企业在遭遇危机时可以在第一时间发布公关微博，而且大部分企业微博的粉丝都是企业产品用户或者相关客户，他们是企业利益所在，也是第一时间可以看到企业公关微博的群体。

企业微博营销应注意的问题

微博营销虽然对企业的发展具有诸多优势，但是企业在进行微博营销中还需要注意以下四大问题，才能避免功亏一篑。

△ 注重沟通和聆听

企业微博不同于名人微博及个人微博，企业微博作为企业营销的窗口和喇叭，不能一味地向受众传递概念和产品信息，要注意聆听用户反馈的需求和建议，从而达到完善企业经营的目的。

△ 关注兴趣偏好，完善用户体验

企业微博发布的大多是关于企业品牌或产品的微博，这类微博往往枯燥无味，久而久之，无论是粉丝还是客户都会产生一种麻木感，因此企业微博管理者应该对用户的喜好有一个明确的认识，真正地把企业信息送到用户的眼里、心里。

△ 信息发布须谨慎

企业微博如同企业的官方网站，是公开对外的一个平台，体现的是企业的形象，大多用户及粉丝都会通过这个平台进行自己心里的定位。因此，企业微博在信息发布的时候一定要谨慎，信息内容要真实全面，有助于树立企业的公信力。特别是每天发布的一些微博信息，只有真实准确才能提升用户对企业的信赖度。

△ 适时检测营销效果

我们知道，微博营销的传播方式是强大的，它具有裂变式、爆炸式的传播效果，一旦一些不良信息发布，即使从源头删除，也挡不住粉丝的转发和传播。因此，为了使发布的信息更加有利于企业的发展，避免出现负面营销，需要对用户关注的话题和反馈的信息进行适时的检测与衡量，这样会有助于我们更好地开展企业微博营销活动。

22. 常见的5种微博营销类型

微商心语

微博营销不能一概而论，应做到不同类型不同战略，要有针对性和目的性。

当前，微博营销可大致分为两类：一类是个人微博，另一类是企业微博。个人微博多以营销个人品牌、推广自己为主，比如有些知名讲师、明星等，开通个人微博就是为了让更多的人知道自己。企业微博主要以营销企业品牌、推广企业产品、文化为主，现在很多无论是大企业还是小企业都开通了自己的官方微博，一些国家的事业机关单位也将微博作为了一种与民众沟通的工具。

尽管个人微博和企业微博的风格不同，但由于很多个人利益是与企业利益相关联的，所以个人微博也还是会为企业服务。

领航型

这类个人微博主要以企业高管及企业家为主，他们个人微博的变化关系着企业的形象、股价的变化甚至是产品的销量。这类微博如果经营得好，另一方面可以提高个人品牌，让自己成为行业明星，比如房地产界的潘石屹、任志强，电商界的马云等；一方面对企业的发展也有很多的推动作用，如同你通过微博向粉丝传递的微博都是积极正面且有效的，那么就能够增强股民的信心，保持股价的稳定及上升，巩固企业合作伙伴的长久性和稳定性，推动企业的发展。

专家型

在互联网快速发展的时代，微博造就了很多专家，当然也造就了很多“砖家”，不管是“砖家”还是专家，他们都通过微博成功了，成了名人，并影响着他们的粉丝。一旦在微博上有了影响力，那么每言每句便也都成了焦点，有了一定的分量。

当然，专家型的微博营销自然要有“专业”这两个字的支撑，微博内容也需要围绕着既定的某个专业、行业或领域，如果五花八门、杂七杂八的内容样样都有，那也就称不上专家了。一旦个人品牌树立起来，有了一定的公信力，那么“营销力”也会随之不断变强。也许你现在已经是专家，也许你还没有达到专家的级别，也许你达到了专家的高度，但是还没有被公众认可，这时，你可以用“专家”的模式经营自己的微博，来提升个人品牌影响力。

明星型

“粉丝效应”的可怕从娱乐圈便可以看得出来，电影喜欢用粉丝量大的明星来带动票房，有些知名演员敢于跨界当导演，投资电影，也是基于粉丝效应所带动的票房保障。所以，换个角度来讲，“粉丝效应”也可以称作“明星效应”，在营销中可以通过两个方面来体现：一是企业品牌所签的明星代言人，利用其自身的粉丝资源带动企业品牌的发展，比如发些与企业或代言产品相关的信息等，在粉丝中产生影响力；二是圈外明星，比如行业知名度比较高的企业家、管理人，或是在网络上有一定影响力的“网红”等，只要知名度够高，粉丝群体够强大，那每个微商都有可能产生明星效应。

职业型

现在很多企业甚至会招聘职业的微博营销人员，为其专门设置一个岗位，比如微博编辑、微博推广、微博更新，等等。显然，很多企业已经将微博能力作为职业技能，并设置成了一个岗位，企业在招聘中对岗位的描述大致是这样的：“参与制订和实施微博营销计划，提高微博的粉丝数量和影响力；负责网站官方微博的更新维护；收集同行微博营销信息；参与策划微博促销活动。”

媒体型

微博本身就是一个媒体，现在有些微博往往会发些与时事、民生甚至是国际新闻等有关的消息，俨然就是一个媒体频道。这个微博背后可能是一个新闻工作者，但也可能是普通的上班族，或者是任何一个普通人。这种微博类型有一个最大的好处，那就是能够聚集相当一部分爱看热闹、闲暇时间多、爱吹牛八卦的粉丝，因为他们要了解到最新的资讯，此类微博就是一个很好的渠道。

目前这种类型的微博有很多很多，而且要做到能够赚钱的效果，粉丝必须要达到一定的数量，比如上百万、上千万，粉丝越多，受众人数就会越多，赚的钱也就越多。此外，如若让广告达到最好的效果，粉丝质量必须要高，如果你的粉丝中有很大一部分是“僵尸粉”的话，广告的效果自然不会太好。

23. 微博营销四大法则

微商心语

巧妙运用微博，展开微博营销工作。

随着互联网的发展，微博营销越来越受到更多人的重视。很多个人和企业在早期就在使用微博进行营销，那些成功的微博上是车水马龙、门庭若市，有些微博上却是冷冷清清、门可罗雀，始终“火”不起来。究其个中缘由，主要是忽视了这样几个要点。

简明概括奔主题

由于受到网络媒介的一些特定因素制约，读者们大多是忙里偷闲快速浏览，不可能像对待传统纸质书本那样，坐在摇摇椅上优哉游哉地抿着咖啡然后看你慢慢道来。如果你的文章看了半天都没看到主题，就会让人不耐烦，并且以后再也不会看你的微博。大家还记得学校食堂里的包子吗？一口下去没咬到馅儿，第二口却咬过了，那些主题部分过于靠后的博文就会给人这样一种感觉。

紧贴生活要实用

微博作者必须要养成浏览新闻的习惯，这样写出来的东西就会令读者有话题感、共鸣感。与此同时，大家会认为你是一个紧跟时代并且在生活节奏上和他们保持同步的人。这意味着人们在阅读你的微博时会有一种品尝时令蔬菜般的新鲜感，自然难以拒绝。内容上要紧贴生活，比如每日不重样家常儿童餐、夫妻吵架实用哄老婆神技、产房里的那些幽默事儿、旅游感悟等。

层次分明，观点鲜明

首先，要在内容上列表化，即文章整体的结构性，看起来段落层次分明若切开的洋葱一般。其次，开篇就要很快亮出自己鲜明的观点，旗帜鲜明自然引得一众读者前来围观。

除此之外，给自己的博文起一个新奇独特的标题，也是尤其重要的。好的标题就像是产品的外包装，一个人逛超市的时候，新颖独特的产品包装足以在短短 7 秒之内吸引消费者走过来。读者们每天要看到很多博文推荐，当然，好的标题才能吸引他的手指点过来。

坚持更新，打好持久战

如果说“双十一营销”是一场闪电战的话，那么微博营销就是一场持久战。写微博犹如开小饭馆，回头客最重要，三天打鱼两天晒网往往没什么效益。根据行为心理学研究，人们重复一种行为，只要坚持 21 天以上就会形成习惯。所以，微商朋友们一定要养成每周甚至每天更新微博的习惯。

当然，也不能一味地只讲求更新的数量与频率，而忽略了质量。微博营销的持续力的加强，除了要养成一定的更新频繁，内容的品质与深度也要稳步提升。对此，平常可以多关注一些好的营销微博，从他人那里汲取经验。不要把自己固定在一个小圈子里，要时不时跳出来看看，看看别的一些优秀微博。好的微博会随着时间推移逐渐显露出一些特点和共性，只要时常关注和揣摩就不难发现。

另外，微商朋友们在进行微博营销时也要多听听他人提的一些建议或意见，正所谓“当局者迷旁观者清”，虚心接受建议，进行适度的改进与完善，往往会有意想不到的收获。

24. 微博营销定位策略

微商心语

准确的定位，是成功营销的开始。

和任何一种实物性产品的研发过程一样，微博这种虚拟电子产物在开始营销之前也要进行定位。对于一个现代都市人而言，购物一定要上淘宝网，买化妆品一定要上聚美网，看影评一定要去豆瓣。为什么会出现这种情况呢？这就是网站架设之处做好精准定位的好处。精准的定位，意味着明确的指向性，随之带来的自然是经过靶向定位的受众群体。

那么，通常来说，对于你的微博应进行如何定位呢？

内容定位

内容要有方向性，也就是给自己一个主题，然后围绕着这个主题去展开。比如你做的产品是化妆品，那么微博内容即便是每日生活趣事、夫妻吵架实用哄老婆神技、怀孕琐事、旅游感悟；或者是美文式的随笔，心情日记；或者是多愁善感的文艺青年范儿，或者是花档打广告的广告狂人……可以杂，但都有着同样的一个中心点，那就是化妆品。比如生活里自己与化妆品之间产生的趣事，夫妻间因为化妆品发生的糗事，怀孕因为化妆品产生的烦心事，旅游时感慨化妆品的便携或户外功效等。这样便利于粉丝对你进行分类，一看就知道你的侧重点是什么，或者你在做什么工作，销售的什么产品。

文风定位

中国有句老话叫“文如其人”，说的是从一个人所写文章中的遣词造句及节奏层次，大概就能猜出此人的性格脾气。微博虽然只有140个字，但却依然可反映出很多潜在信息，不论是个人微博还是企业微博都是如此。可以说，微博营销定位所折射出的是一种虚拟的形象。这种形象的好坏当然非常重要，甚至有人断言，清晰的定位可以提升微博营销成功率。

受众群定位

定位意味着侧重点，有侧重点就不可能面面俱到。有些企业微博在做定位的时候，恨不得把0—100岁的人都纳入自己的受众范围内。这种做法的初衷是好的，有谁不希望自己的微博能够被所有年龄段的人关注和喜欢呢？但什么都想要的结果是你无法聚焦于某一特定目标群体，也就谈不上精准推广了，所以微博定位不求全但要求“专”。

定位风格要稳定和持续

在微博营销领域，一般都会将微博形象进行拟人化的定位，这样有利于拉近和受众之间的距离。比如肯德基官方微博就自称为“小肯”，这样做当然是为了迎合年轻化的消费群体，因为之前人们对肯德基的形象往往还停留在那个须发皆白的老爷爷。当然，拟人化的风格还意味着微博的文字要体现出人物独特的语气和性格等，让受众感觉像是一个有血有肉的人一样。

而在当前的很多微博中，存在着诸多问题，最明显的就是风格不统一，定位不准确。例如，很多企业官方微博管理没有持续性，上午还是满嘴“亲”的卖萌，下午一下子就变成“专家”“老师”“哲学家”的口吻。结果当然是让粉丝感到莫名其妙，还以为是打开了别人家的微博。关键的问题是，风格反复所带来的是受众信任度的降低。

25. 微博营销进攻准则

微商心语

掌握主导权，快速出击，一击即中。

微博营销的目的是有一个好的营销结果，比如粉丝量、关注度的提升，品牌美誉度和商业成交率的提升。那么，是否有一些基本原则能够帮助我们快速稳定地实现我们的预期目标呢？

天下武功，唯快不破

信息快速变化的环境通常很快会让一些消息沉默，因此，运用微博营销，更新显得非常重要，谁要是掌握了更新技巧、更新的频率等基本方法，那么他的微博营销自然是能够快速见到效益的。

据相关机构针对微博用户的调查，在一天24个小时中，大约有5个关键的“节点”，也就是说在这些关键节点上，微博浏览人数及更新人数是最多的。这些关键点分别是：上午9点，下午1点、5点半、6点半以及晚上9点半。上午的时候，人们都趋向于接触新闻性质的信息，以及其他一些新鲜事物。下午1点的时候人们刚刚吃完午饭，还有点懒洋洋，此时一般会掏出手机更新一下微博看看有什么值得看的。到了傍晚5点半，劳累了一天的人们则趋向于转发那些总结性的微博内容。因此，找准时间准确地更新微博信息，这是微博营销的首要进攻法则。

除了做到快速更新快速发布之外，我们还要做到快速互动，让每一个粉丝都觉得受到了 VIP 般的重视。如此一来，粉丝的忠实度自然会增加。

增加并保持微博的信任度

网民的信任感是很脆弱的，或许你的微博能在短时间内积累大量所谓的忠实粉丝，但仅仅一次小的信任危机就可能导致他们走掉十之八九。所以说，微博营销进攻一定要把握信任，不要让你的微博粉丝失望。

曾经发生过这样一起著名的网络事件，一位上班族因为看到微博粉丝量多了之后有利可图，就捏造了一条假的关于“某大学教授潜规则女研究生”的爆炸性新闻，一经发布和发酵，他的粉丝数量确实呈现爆炸式增长。可是在事实真相水落石出之后，他的微博不得不“关门大吉”，而且还承担了相应的法律责任。

信任是很难得到的，历尽艰辛积累起来的信任所起到的效果自然也是令人惊叹的。信任度高的微博可以轻松做到一呼百应的效果，更能够影响受众群体，如果再加上后期的营销方法，那么，强势的营销效果就会水到渠成。

树立全局观念，眼光放长远

说起“资源整合”“跨界营销”等词汇，很多人觉得这是营销专业术语，不容易懂，而今天在人人都会的微博营销中，我们可以轻而易举地运用。

微博营销者在大张旗鼓拓展市场的时候一定要有全局观念，资源整合观念及跨界营销概念。举例来说，有这样一个全职家庭主妇，她的一个强项是给儿子设计儿童早餐，而且可以做到一年 365 天每天都不重样，做出来的早餐营养均衡，光是摆出来就很好看了，甚至让人不忍下筷，一举解决了儿童每天不爱吃早餐的坏习惯。家务繁忙之余她在友人的帮助下开通了一个儿童美食博客，每周定期更新菜谱及制作方法。由于内容实用加上用心经营，这位家庭主妇的微博粉丝量很快破五十万大关。

后来这件事情被丈夫知道，于是劝她和出版社合作，每隔一年半载出一本纸质食谱书，还把书放在微博上出售，结果自然大卖。再到后来，她的微博合作伙伴越来越多，有儿童无害餐具生产商、儿童奶粉、儿童书包、儿童服装、儿童营养保健食品等厂商和代理商与她合作，生意越做越大、越做越好。

创意是第一生产力

微博的使用群体多以 18–35 岁的中青年为主，这类人群最大的特点就是对新鲜事物兴趣浓厚。而只有创意才能制造出更多新奇的事物来迎合受众群体的口味，才能保证持续的关注度。

所以说，在微博营销中，创意是第一生产力。创新是保持营销百战百胜，产品长盛不衰的秘密武器。微博营销中，创意是扩大影响力、吸引粉丝的有效手段。

26. 分析评估，有效营销

微商心语

一切科学分析、揣摩评估，都是在为微博营销做准备，为创造更高效益而服务。

企业微博是一种新颖有效的微营销模式，借助这种影响力深远并且广大的网络媒体平台，可以让我们的产品形象呈现在更多的用户面前，通过宣传推介，会使客户群对我们所倡导的理念和服务产生好感和肯定，公司产品的销售渠道和自我经济效益营收也会随之水涨船高。

对微博用户进行精确分析

很多时候，当我们面对庞大的客户群时，因为他们在职业、爱好、性格、心理等各方面呈现千差万别的情况，使我们一时之间不知道应该从哪里着手，不知道怎么做才能达到最佳的有效营销效果。这时我们就需要对微博用户进行科学的分析。

顾客心理的变化和喜好会不经意地反映在他们的言行评论中，这些细微的语言呈现很大的倾向性，正是顾客心理和情感活动的外在表象。借此我们就可以针对顾客所表现出来的偏好和兴趣点，合理引导他们的心理需求趋向。

监控粉丝数量，及时采取措施

微博是一个动态变化的媒介，通过这个媒介，我们可以观察到粉丝数量的变化情况，是增多了还是减少了。如果减少，那么减少的原因是什么？我们应该针对这种情况采取什么对策和策略重新拉升人气？所以说，通过监控粉丝数量的数据变化可以及时地给我们的决策提供正确的参考，不会出现贻误战机的被动局面。

评估分享率和转发率

微博内容的分享率、转发率和浏览量的变化情况关系到我们营销宣传的影响力和扩大程度，是验证营销活动成败的重要指标之一。所以有了监控数据，我们就应该启动评测机制，重点评测一定时间内企业微博对提升产品品牌形象的作用、微博中的客服反馈效果以及销售量的增长变化情况，然后分析差距、查找问题产生的原因。

哪一点出现问题就有目的性地解决这个问题，这会为我们制订更加优化和完善的营销方案提供重要的科学依据。有的放矢、针对性强的工作方式能让我们处理问题时如鱼得水，甚而有事半功倍的效果。

对粉丝群体进行有效分析

星巴克是美国一家连锁咖啡公司，连锁规模为全球最大。随着网络时代的兴盛，星巴克很早便开始注重发挥网络营销的作用。2010 年星巴克中国微博开通。其在企业微博上制造的每一个话题都是一场网络媒体式的营销。星巴克平日一直都在做微博用户的分析，比如粉丝的性别构成。统计发现，其微博中的女性粉丝比例更高，占到 72.6% 左右，远远高于 27.4% 的男性比例。有了性别比例的数据，星巴克便刻意在其微博上多发布了一些女性较为关注的话题，例如美食、时尚、旅行、星座、电影、旅游、摄影、音乐、“80 后”、咖啡、宅、媒体及生活等，这样内容很容易贴近粉丝的心理，引起他们交流的兴趣和情感上的共鸣，从而起到了拉近彼此之间沟通距离的目标。

观察粉丝的微博使用经验值也颇为重要。星巴克通过梳理数据得知，大多数粉丝使用微博的天数都在200—500天，占到68.0%的比例，超过500天的也有16.2%的比例，这表明星巴克中国微博粉丝大多已经有了一定的微博使用经验，这样很容易形成双方互动的良好局面。

重点监测微博内容的分享率和浏览量的变化情况也是星巴克微博营销工作的内容之一，每天观察微博的转发数量和评论数量，观察哪个话题更容易引起粉丝的注意，哪个时间段粉丝的活跃度最高，然后针对自己微博内容上的缺陷作适当调整。

由于有了科学翔实的数据支持，星巴克企业微博运行以来一直效果良好，和粉丝形成了良性互动，在分析评估的基础上实现了有效营销，更使自身的品牌形象得到了很大的提升。

27. 用微博塑造你的形象

微商心语

塑造完美形象狂“吸粉”，利用粉丝的强大传播力量做营销。

形象是一个人或一件事物内涵的外在综合表现，是一种直观、具体的视觉认识。一个人要是拥有良好的形象，便具有吸引他人的强大亲和力，容易赢得别人的尊敬和好感，也会让自身的人际交往和人脉关系处于一个宽广的平台之上。

通过微博树立企业品牌形象

对于一个企业来说，企业形象和品牌影响力是它们走向市场的身份识别证。企业形象好、品牌辨知度高，会使消费群体内心产生强烈的认同感，在购买消费时会优先选择这家公司的产品；反之企业形象不好、产品没有良好的口碑，一直任由这种局面发展下去，那么可以清晰地预见企业的未来市场之路会越来越窄小，直至最后无声无息地湮灭。

从这点上看，企业以及企业品牌形象的地位非常重要，是一个关乎企业生死存亡的关键所在。因此我们在微博营销中要善于借助微博这一网络新媒体的软力量来提升企业品牌形象，紧紧依靠营销团队，制订合理有效的活动策划和宣传方案，提纲挈领地推动微博营销工作如火如荼地开展。比如熟练运用意趣横生的网络流行语言，制作出能轻易吸引消费者眼球的图片，或者是充分利用社会热点提高产品知名度，形成事件营销等活动来吸引关注度，使产品的优势和特色潜移默化地深入每一个目标客户的内心深处。

讲述品牌故事，塑造不凡魅力

为一个产品或是一个企业塑造一个故事，会使品牌在粉丝群体的心目中变得鲜活起来，就像一个“很有故事的人”一样，让人有探索欲，想要深入追随。人是情感动物，人可以因为一个故事爱上一个人，也会因为一个故事而对一个品牌产生别样的情愫，这种情愫能够很好地激发消费者对企业产品形象的认同，最终成为品牌的忠实用户。

把企业的背景、实力等各方面的内容融入故事，让人们听完故事之后有一种真实、生动、亲切的感觉。在利用微博进行品牌形象宣传时，一定要把产品优势、特色和企业文化及服务理念等最能打动消费者内心的东西巧妙地镶嵌到企业的故事和内容中去，让潜在消费者在看故事的同时便对企业品牌有了一定的了解。

酒香也怕巷子深，这是现代营销界的共识。尤其是在现在这样一个处处充满着海量信息的年代，一件产品纵然有其过硬的质量性能和便捷功能，如果缺少适当的包装宣传，就很难打开一个畅销流通的良好局面。因此，我们更应充分地利用微博这个大众平台来进行品牌形象塑立的活动，有了产品品质过硬的口碑，这种良性的反馈会成为我们下一步销售工作的重要推动力量。

28. 微博营销活动技巧

微商心语

与粉丝互动的营销活动是拉升企业人气、提高产品关注度的重要手段。

商家促销搞活动，目的就是聚集卖场人气，提高消费者的积极主动性，炒热卖场气氛，在带动销售额的同时，也可以进一步提高产品及品牌的知名度和关注度。微博营销也是一样的道理，必要的小活动也是吸纳粉丝、积攒人气的重要手段。每隔一段时间搞一次小活动，相当于注射一次兴奋剂，让微博人气呈现波浪式的增长。

转发有奖的“微活动”

转发有奖活动更是营销团队经常利用的一种活动方式，通过对粉丝转发微博内容的有偿奖励，能极大地调动参与者的热情，并形成一个巨大的辐射效应，使更多的人群关注和重视。

要想让微活动取得预期目标收益最优化，最大限度地扩展我们产品的影响范围，前提是活动的策划和设计一定要具有相当的吸引力和技巧，在奖品设置机制和活动环节上尽量做到花样翻新，趣味十足。只有这样才能充分地调动目标用户的积极性。

转发有奖，只要参与者在特定的时间内转发了特定的宣传内容，便可以得到一份礼品奖励，目的就是吸引更多的人成为自己营销的棋子，为自己进行更广阔的信息传播。

当然，在奖品的设置上，不必一味地追求大而空的目标，很多活动策划人员喜欢用奖励 iPad 的方式来提升人们的兴趣，这样做固然有一定的效果，但是毕竟受众面小，而且经常使用毫无创新，慢慢地人们就会失去最初那种喜悦和兴趣。因此我们可以变换一下模式，比如参与者达到一定的转发次数，我们就可以给对方免费赠送我们的产品，也可以根据参与者的爱好分类，分门别类地设置不同的奖品。这些奖品或许在表面上看起来不太贵重，但是由于符合了参与者的爱好，正好体现了最适合的才是最好的道理，预期效果反而会更加强烈。

策划企业微博活动

在企业的微博平台上，为了更好地扩大影响，树立我们的良好形象，应不失时机地多方位举办营销策划活动，在具体活动方式上，应从以下这几个方面进行拓展。

△ 公益活动

公益活动是企业社会责任的一种直观体现，在活动的策划上要体现出浓浓的爱心，同时把企业的文化理念精神巧妙地融合进去，然后借助各种媒体，把这种微博公益活动报道和传播出去，这对提升企业的形象无疑有着重大的催化效应。

△ 促销活动

在企业微博平台上的促销活动重点是注意抽奖细则的制定以及抽奖结果的统计播报，在重大节假日举办有创意的促销活动将能够起到扩大宣传面的广告效应。

△ 竞赛活动

企业微博的竞赛活动很容易激发人们的参与精神，人们参与其中并能获得名次和奖品，纪念意义也很重大，所以适当地举办一些这样的活动将能很好地提高企业微博的关注度。在营销界，一汽马自达企业微博“减钱 捡ipad 捡睿翼”微博营销活动可谓是灵活运用成功营销技巧的经典案例之一。

任何一项活动都需要有高超的策划和创意才能取得理想中的圆满，微博营销也是如此，巧妙的活动项目、新颖的活动方式是促进我们营销工作顺利开展的基础。

29. “微”机公关处理技巧

微商心语

充分利用微博的力量，密切监测危机的苗头，化被动为主动，化危机为生机。

在网络时代，信息传输具有快捷便利的特点，每个人都可以通过自身的媒体平台发表言论和看法，特别是一些关于他人或者企业的负面消息，很能吸引人们的猎奇心理，自媒体在这个时候便会扮演着“扩音器”和“放大镜”的角色，引起人们的持续关注。

有些负面的、真假难辨的信息在自媒体这个平台上会得到广泛的传播，瞬间便会广而告之，并形成围观局面。这种令人吃惊的裂变速度，往往使得被负面新闻缠身的个人或企业措手不及，如果我们不在第一时间予以澄清和果断处置，负面新闻便会被更多的人们评论、转载甚至丑化，当我们醒悟过来已经为时已晚。

防大于治

在社会化媒体时代，对于有损于企业形象的危机事件和言论行为一定要防微杜渐，发现不良状况要及时处理，以免引发累积效应，陷入被动便会覆水难收，很难再挽回。

在企业危机公关中，我们需要构建一套完整的危机公关体系来作为维护企业良好形象的防火墙，从预防着手，争取在最短的时间内把危机消灭在萌芽之中。特别是企业微博，往往是相关信息的集合地和中转站，因此我们要善于充分利用微博的力量，密切监测危机的苗头，一旦发现有不良倾向，应立即把这些异常信号上传到危机公关处理部门，判断是否构成危机，以便拿出相应的解决方案。

果断出手：跟踪信息引导要迅速

在危机出现的最初 24 小时之内，充斥在人们耳中的大都是一些猜测和怀疑，这时企业高层及时出面控制事态的进一步发展，将会是一个最佳时期。许多时候，一触即发的危机事件都会这样被消灭在萌芽之中，没有向恶化方向蔓延和升级。

当有关自身的负面信息不可避免地传播开来，切忌慌张，这时候我们需要做的不是隐瞒回避或者置之不理，应该果断出手，对事件产生的原因和细节给予公正的解答，用沉稳从容的态度带给人们信任感。

充分沟通：合理引导舆论走向

在果断迅速地处理危机的同时，还要分析信息传播者的动机和心态，也许对方是无意之举，也许是为了特定的目的，只有了解当事人的心态才能从整体上把握事件的走向。

在危机的化解中，真诚沟通是最为重要的环节，这要从两方面进行。

一是和当事人沟通。需要我们承担的责任积极地承担起来，打出真诚的情感牌，拿出实际行动，千万不要退避、推诿，否则会加深双方之间的裂痕和矛盾，粉丝用户也会因为我们的“小气”产生对立情绪，甚至会使危机扩大。

二是和媒体沟通。危机事件中企业往往会成为公众和媒体的焦点，此时企业应该积极主动和新闻媒介联系，说明事件的原委和处理方案，以达到消除人们误解的目的。同时在沟通中我们还要保持倾听的姿态，尤其是网络媒体上消费者、竞争者的声音，从中找出我们的不足之处，然后利用微博等媒体合理引导舆论走向，使事件向好的方向发展转化。

30. 微博营销风险防范

微商心语

风险和收益从来都是与生俱来互为依存的，没有绝对的风险，也没有绝对的收益。

在社会化媒体发达的今天，企业风险的出现呈现出一种难以预测的特点，并非每条信息的发布都能受到控制，任何一个人都可能在网络媒体上发表不利于特定企业的负面信息，任何一个细节也可以诱发公众围观事件。尤其是一些负面信息，经过微博等媒体曝光后，在网民的关注和转载中放大，从而增加了企业所要承担风险的压力，一着不慎，便会使企业多年辛苦积累的良好社会信誉在顷刻间轰然倒塌。特别是在网络时代自媒体多元化的今天，各种网络媒体都有可能成为传播风险的渠道，可谓是防不胜防。

微博营销风险的类型

以企业微博营销为例，风险主要来源于三个方面。

△ 企业员工及相关个人微博带来的风险

这些员工和个人作为微博的使用方，其言谈评论往往暴露在公众视线之中，一旦涉及对本身企业产品的负面评价，将很快引起人们的关注。因为从心理学的角度来说，大家更倾向于相信来自业界的“内幕”自曝，认为这些信息更具有真实感，所叙述的情况一定和客观实际相符合，所带来的危害也常常会很大。

△ 企业官方微博的风险

企业官方微博兼具个人和社会双重属性，参与的人员也比较多，在增加其影响力的同时也带来了发表言论不谨慎的风险。例如美国最大网上鞋店 ZAPPOS, 为了预防这种不可测的风险，针对自身的企业微博，制定了一系列对微博信息的监控机制，对于他人发布的内容进行预先审核，极大地减少了风险的发生。

△ 账号安全所带来的风险

企业微博账号有时候会被别有用心的人们窃取密码加以利用，然后在上面发表不利于企业的不当言论。蓝山资本合伙人唐越、智威汤逊中国 CEO 陈念端、朗泰恒盛总裁邵帅都曾出现账号被盗的异常情况。

微博营销风险的防范与控制

首先，我们要有深刻的认识，清醒地看到以微博为代表的社会化媒体给营销风险控制带来的变革，并能在变革中寻找到风险解决的办法。主要可从以下几点入手。

△ 增强安全意识

微博营销风险案例中，常见的一种现象便是营销人员安全意识薄弱。一方面是对微博这个媒体营销渠道不重视，不重视也就疏于防范；另一方面是心有余而力不足，也就是想防却无从下手，网络知识的底子不够厚。心理防线是抵挡一切风险的第一道关卡，它的设立至关重要。

△ 加强账号安全管理

保管好自己社会化媒体账号，以免对自己和企业造成不良影响；升级企业账号的安全性能，力争用最快的速度把风险降低到最低限度。

△ 加强企业员工的微博管理力度

在公司内部纪律上进行约束，要求企业员工和企业官方微博的信息发布同频共振，一旦有伤害企业形象行为的发生，应给予处罚。如果涉及泄密或者是出现威胁客户的情况，应立即解雇。只有这样，才能让企业全体员工共同维护公司整体利益以及自身的品牌形象。

当员工因为工作原因出现思想情绪波动时，要积极主动地去关心他们，坦诚征求他们对企业工作的意见，对建议合理的部分积极采纳，这样能使员工更好地认同企业精神，积极参与到企业风险防范和发展之中。

第四章

博客营销：你的地盘你做主

31. 博客营销的优势

微商心语

博客资历老，却也是不可或缺的一条黄金营销渠道。

相较于近年新流行起来的网络自媒体来说，博客的确称得上是“老前辈”了。从被引入中国的那一年起，不到6年的时间就成为网络媒体的主流，而今看来这个速度并不算快，但是在当年的网络环境中，博客的发展是迅速的，它实现了所有人面对所有人传播信息的方式，改变了信息传播的方式，以及社会信息的不对称。让信息从传统媒体传播到爆炸式、裂变式的传播，在中国的自媒体界是一次前所未有的革命。

即便是自媒体多样化的今天，博客也仍然活跃在线，成为诸多信息传播渠道之一，对于微商们来说，也是重要的营销渠道之一。

博客是个“小网站”

很多人可能会说，现在都什么年代了，大家都玩微信、微博，谁还玩博客啊。其实不然！微信、微博等自然是当下十分流行的社交APP，它有它的优势，但它也有它的限制，而它的短板也正好是博客的优势。

△ 博客容量大

微博其实也叫微型博客，“微”就是小的意思，发消息便捷，但很多方面都有限制，比如文章字数不可以超过140字，视频也是几可发几秒，要求简洁而直观。但如果你想长篇大论，比如发表论文（专业论文、营销分析论文等），一篇心情美文，往往会感觉到140字远远不够。博客便是最好的选择。

△ 建立自己的“主题网站”

要建立一个专属网站往往需要请专业人士来做，但很多人不知道的是，如果博客玩得好，不用请专业人士，也一样可以做出一个专业性较强、主题分明的“小网站”。一个典型的博客可以结合文字、图像、其他博客或网站的链接及其他与主题相关的媒体，而且每一项都给予了大量的空间与容量，于是便出现了一些博客专注在艺术、摄影、视频、音乐、播客等各种主题。微商朋友们也可以建立一个属于自己的“营销网站”，一切围绕着产品及品牌展开，与网友互动。

△ 与陌生网友（访问者）互动

较流行的微博等比较注重私密性，需要互相关注，成为对方的粉丝，才可以流畅地沟通。博客则不同，它既是一个人的媒体，也是公共媒体，加好友也可以，不加好友也一样可以浏览、评论、互动。这也是它的一大亮点，受众群无限放大，网络路人也可以进来观看，就好像开在大街上的一个门店，买不买东西没关系，都可以进来看看，对品牌及产品增加了解，可以提升知名度。当然，博客也可以设置私密项目，微博也可以设置对外完全公开，但博客有网址可传播，微博却没有这项优势，它需要依托其他网站为基体进行转发。

32. 博客营销面面观

微商心语

将博客的功能优化升级，为我们的营销而服务。

据 CMI 调查，有 59% 的 B2B 营销人员都认为博客是最有效的营销手段之一；据 HubSpot 报道，互联网营销推广中，写博客是提升访客数量的最有效的方式之一，同时博客日志能够给网站带来 43.4% 的索引页以及 97% 以上的索引链接；据 InsideView 报道，在 B2B 营销人员中，用博客营销的人员每月要比不用博客营销的人员多出 67% 的业绩。显然，博客对于一些企业来说，意义非凡。

从当前的博客内容及主题来看，有些是悲伤的，有些是搞笑的，有些是学术探讨类的，有些是励志共勉类的，有些是企业产品营销类的，有些是个人品牌推广类的，不管是哪一类博客，都有或多或少对应的受众群体，而且形成了一个圈子，在这个圈子中，他们畅所欲言，互相交流探讨，互动越是热烈，就越是能够激发一些显而易见的或是潜在的效益。

文字博客营销

文字博客是博客中最原始最常见的一种方式，也是人们目前最常用的一种。关于文字的编辑与表现技巧，我将在本章的“博客内容展现方式”“博客内容写作技巧”中做详细的介绍。

图片博客营销

所谓图片博客营销，就是利用图片作为展现博客内容的方式，向用户传递相关信息。比如你发一张产品图片，可以让用户直观地看到产品款式、形状；发一张你参加活动的照片，可以向用户传递你在某地方参加某项活动的信息，等等。此外，采用图文并茂的形式进行展示的话，会取得更好的营销效果。据统计，在明星的博客中，照片和文字相结合的博客内容点击量最高。

语音博客营销

最具有代表性的人物是曾扮演过“万人迷”的陈好，她通过录制语音博客传递的方式，赢得了不少粉丝及关注度，极大地提升了自己的人气。这是因为语音博客通过刺激用户的听觉来接受信息，与文字、图片相比，更具有新鲜感。

博客视频营销

运用视频博客做营销时，对营销人员的要求也是比较高的，因为视频需要有创意与灵感在里面，这样才会起到良好的营销效果。同时还需要博客营销者既当编剧又当制片，既当导演又当演员，同时还需要做好后期制作。当然，也可以去找专业的团队做这些工作，不过成本会相对高一些，所以我个人建议还是以个人制作为好，这样更具有原味感。此外，我们还可以搜集一些有趣的相关视频放到自己博客中，以提升博客的人气。不过，前提是不侵犯他人版权。

当然，如果可以将文字、图片、语音与视频结合起来，声、图、文并茂地展现出来，便可以进一步增强读者的感受，产生不一样的轰动效应。

33. 博客营销四大准则

微商心语

万事讲求方式方法，做不对事倍功半，做对了事半功倍。

随着博客的发展与网络的多元化，不同人使用博客的目的也不尽相同，有些人使用博客是为了推广自己的产品，做销售；有些人是为了分享自己的心情；有些人是为了以博客为入口，让网友看到自己更多的链接信息，等等。不管是出于哪种目的，都想提高自己博客的人气和知名度，而这两者又是博客营销所必备的要素，在展开营销的过程中可以起到强大的推动力量。

要用博客做好营销，一方面达到网络搜索引擎的较前排位，达到推广宣传营销的目的；另一方面通过此平台挖掘更多的潜在客户，加深用户对企业、公司或者个人品牌的印象。而要做好博客营销，以下四大准则我们必须要把握并熟知。

包装博客的门面

要吸引更多的访问者关注你的博客，界面装扮很重要。博客的界面是一个优秀博客的“门面”，如同一个人的着装一样，不管你长相如何，即使长相普通的人只要善于着装，不管在什么场合遇到什么样的人，都能够赢得对方的好感，在人群中凸显自己，给他人留下印象。

博客通常会为用户提供多种界面模板供选择，有些人随便选了一个模板之后，就开始修改自己资料、上传照片等，通常，这样的界面给用户的印象都是千篇一律，并不能第一时间吸引客户，也留不下深刻的印象。因此，我们在选择一个模板之后，可以通过自定义功能进行设置，调整模块、更改背景、增加或删减主界面显示等方式，力求让博客界面更加具有新鲜感和吸引力。至于装扮的风格，可根据营销主体的不同而设置。

丰富博客内容

博客所呈现出来的内容往往可以体现出它的质量、品质及吸引力，不管是博客名称、界面标题，还是发表的文章、图片、视频，只有做到样样考究，有自己独特的文风和气质，才会吸引更多的访问者和忠实追博者。如果要用博客做营销，内容上自然是要以提升博客人气为目标，语言及内容要极具趣味性、可读性，做到“文章新颖，即便是变相打广告也爱看”，这样才是真正的微营销高手。

一味地把内容全部做成关于营销主体的专题报告会也不行，娱乐性的周边或其他内容也要有，与营销主体相关的专业内容应占博客内容的 85%，幽默娱乐性的东西应占 15%，这样的比例是可以参考的绝佳比例。

用户互动互推

使用博客初期进行营销的时候，有时候尽管我们做了很多的工作，每天都在更新，可是来访的人数还是寥寥无几，这时我们要发挥老祖宗的光荣传统，山不过来你过去，积极主动地到别人的博客里看看，阅读他人的文章，给他人留言，这样便可以引导对方来看你的博客。

需要注意的是，主动去访问的博客最好是与自己营销主体有关的，或者是你的营销群体。比如你是做白酒企业的，那么，你可以找一些喜欢喝酒的博主去拜访，也可以找一些做批发零售的博主去拜访。把你的足迹留到他们的博客中，引导他们也来看你的博客。

你在帮助他人推广博客的同时，也赢得了别人为你推广博客的机会，只要我们的博客内容有质量，你只需要一点点的付出，就能够让自己的博客人气旺起来。

摆正营销心态

俗话说“心态决定一切”，不管个人能力多么强，博客内容、界面做得如何出众，技巧何等的娴熟，如果没有一个正确的心态，最终依然会失败，在营销的过程中往往会出现虎头蛇尾的状态。

比如有些人在博客刚刚创建，还没有人气的时候，就大量地做广告推广，过于心急，这种急于求成的心态肯定是不利于博客发展的。因为很多时候广告对用户是没有任何用处的，而且还会引起用户的厌烦心理，留住用户当然会很难。

很多博客营销做得不错的人，他们的心态都是比较沉稳的，不管在营销的过程中遇到什么事情，都会静下心来冷静地处理。比如，有时候会遇到一些用户会在博客中留言质疑或者谩骂博主，这时如果博主不能控制好自己情绪，调整好自己的心态，与对方进行互骂的话，必然会降低博客的质量，影响营销的效果。

因此，如果没有一个好的营销心态，即使博客做得再好也达不到最好的营销效果，营销的过程往往也是事倍功半。

34. 为微商构建商业博客

微商心语

因为专业，所以依赖。专业性较强的商业博客架起营销黄金平台。

当下，用博客营销的企业已经越来越多，这类博客就属于商业博客。但是，最终的营销效果都不是太理想，这主要是因为很多企业的博客营销方向过于单一，不能全面地覆盖网络角落，导致一方面用户接受信息的频率太低，也许他今天看到了你博客的营销信息，一个月之后才能看到第二次，不能给用户留下深刻的印象；另一方面会漏掉一些用户群体。

对于一个企业来说，在运用博客营销时，应该将博客更加细化，建立各种类型的博客，比如企业高管博客、企业产品博客、领袖导向博客以及产品知识库博客等，这才能算是一个完整的商业博客。

企业高管博客

这类博客是指企业高级管理人员以企业的身份或者以自己名义或CEO名义进行博客写作，目的是以推广企业品牌、产品及维护企业形象为主。在美国企业当中，有相当一部分这样的博客，很多世界500强企业也都有类似于这样的博客，比如惠普、IBM、思科、迪斯尼等。

建立这类博客的主要目的是公关营销，维护企业与员工、企业与媒体以及企业与消费者及客户的关系，比如企业出现了某类危机，需要向社会或者媒体澄清或发表某些观点，就可以通过此博客进行，这便是公关博客的主要功用。

企业产品博客

此博客的功用是主要以产品展示介绍宣传推广为主，对于企业的所有产品都可以进行分类然后详细地介绍，如果公司准备研发新产品或者已经研发出了新产品，关于这款产品的详细信息也要通过此博客发布，以此来吸引对公司产品感兴趣的这一类人长期关注。

比如，你是一家生产销售汽车的企业，将企业研发的概念车或者明年准备上市的汽车信息通过此博客发布，就会让一些爱车人士长期地关注此博客。也许他们买不起你的车，但他们因为喜欢汽车，在得知企业新汽车上市的消息后，会主动向亲朋好友传播，甚至通过自己的微博进行转发，从而达到倍增推广的效果。

此外，如果企业的产品种类型号较多，我们还可以将产品进一步细分，每一类产品创建一个博客，进行专一的营销展示。这样就可以针对不同类别的产品进行专一的营销，更有助于解决出现的各种危机。

舆论博客

有些博客凭借较高的人气拥有一定的网络影响力，这类博客发表一个观点后，不论对与错，往往会出现一大批的跟风者，其中便不乏一些不甚了解情况的网民，受情绪力影响，评价、转载扩散，从而不断产生后续影响。

为什么会出现这种情况呢？主要原因是这类博主具有引导舆论的能力，比如知名专家、在某领域造诣很高的学者等。对于一个企业来说，我们可能没有知名专家和学识渊博的学者，但是我们有影响企业发展的决策者，有能用数据说明问题的技术研发者，有在业界具有一定影响力的管理者，当然，如果这些人没有一定的影响力，也无法通过博客引导舆论。但是我们可以培养，企业需要有这样的机制。

企业需要有这一类博客，在这类博客中经常发表一些权威的用充分的数据说明问题的观点，深入且逻辑缜密地分析行业的一些现存问题，对行业技术进行专业的分析，等等。久而久之，一些网友对此博客就会产生信任感，博客自身的权威性自然就会上升。博客一旦能够达成这种状态，那么就能够在用户中引导一些有利于企业发展的舆论。

35. 博客编辑方向性规划策略

微商心语

博客方向性的规划策略是为企业管理和销售服务的，如果方向不对，走再多的路也难以达到目的。

博客营销的效果是毋庸置疑的，通过博客提升人气，最后带来名和利，这个过程是可以实现的。营销企业文化、品牌及产品，建立良好的沟通平台，从而为企业管理和销售服务，这是博客营销的主要目的。而要充分达到这个目的，博客内容的方向性就必须把握好。如果方向不对，走再多的路也到达不了理想的终点。

内容编辑前期准备

首先，在编辑内容前要问自己这样几个问题：

（1）你的受众群体有哪些?

（2）他们的需求是什么?

（3）他们想看到什么样的内容?

（4）他们不想看到什么样的内容?

（5）你提供什么样的内容才能帮助到他们，满足他们的需求?

其次，了解以上问题答案的渠道。

（1）查阅企业网站后台或其他相关企业网站，分析用户评论及留言。

（2）参加行业商品展览会，观注相关的网络事件，分析用户对产品的反应。

（3）访问同行博客，分析用户的留言和评论。

（4）用户调查回访。通过回访老客户，询问新客户及潜在客户，运用客户调查表，分析总结寻找问题答案。

（5）其他方式，比如在各大网站、聊天沟通平台等，发表相关观点，引发讨论，分析总结出问题的答案。

博客编辑中的5个关键话题

博客的话题是引导用户点击查阅的主要因素，比如，有些明星绯闻类的话题一出，点击量往往非常高，这是因为这些话题更具吸引力。同样，让博客的话题更具吸引力，也能够吸引用户点击查看，提升博客的热度。

△ 实用性强的话题

比如你的营销主体是某品牌汽车，用户多为爱车一族，那么用户最关心的问题之一就是驾驶省油技巧，讨论这方面的话题，大都能引起客户的兴趣。

△ 技术性话题

如果在你的指导下，能够让用户学会某项技能，然后让用户完成某项工作，那么，用户一定会非常喜欢，而且当他完成某项工作的时候，一定会铭记你的博客。

△ 行业新闻性话题

如果行业一旦有风吹草动，你能够适时把握，以此话题写一篇博文，一定能够赢得用户的关注。此外，在这个话题中，如果还能够提出一些预见性的观点，把握行业市场脉搏，那么，一定能够在用户当中树立威信。比如你是做房地产营销的，在房地产动荡的时候，以此为话题，并深刻地分析提出预见性的观点，必然会让一些用户对你刮目相看。这样的话题不但能够吸引足够的读者用户，而且还能够与用户建立良好稳固的关系。

△ 以用户问题为话题

收集整理分析用户的所有问题和评论，以此为话题写一篇博文，主要以回答用户问题解决用户疑惑为主。这样的话题博文通常能够引发网友共鸣，吸引大量的用户关注。此外，由于用户对自己不懂的问题通常会通过网络搜索引擎进行搜索，如果你的博文话题紧扣用户的疑问，那么在用户搜索的过程中，博文在网络中的排名会更加靠前，便于用户看到，从而进一步推广了博客。

△ 预测性的话题

这类博文话题展示的是你对行业了解的深度及专业度，因为是预测性的话题，事情还没有发生，如果预测有理有据，逻辑严密，那么，就能够成为用户关注的焦点。这样的话题博文能够让用户看到你对行业的远见，提升你在用户心中的地位。

36. 博客内容展现方式

微商心语

博客必须在内容上有所突破，才能够在营销中凸显价值。

同样的意思，不同的表达方式往往给听者不同的心理感受，博客营销也是如此。博客营销不是只有某一个人或一个企业在做，同样也存在很大的竞争。同行业、同类型的博客有很多，比如化妆品类，不同的品牌、不同的产品、不同的代言人，便会使用不同的网络平台。千万网友每天游走于各种网页、博客，如何才能做到脱颖而出，博得更多网友的关注呢？这就要求微商朋友们在博客的内容展现方式上下些功夫了。

故事化

把博客内容以故事的方式编辑出来，这样更具有可读性和趣味性，用户也更愿意阅读。具体方法是将自己营销的主体写入故事当中，编撰一些生动的故事情节展现给用户，让用户在读完故事的同时也了解了你所推广的产品。

需要注意的是，这种表现方式要求故事情节要跌宕起伏，具有悬疑感，这样更能激发用户的阅读兴趣，加深用户的印象。

形象化

很多销售员在推销产品的时候总喜欢喊口号，比如："我的产品是如何如何的质量好”“产品获得了什么大奖”等，这样虽说能够吸引客户，但随着人们消费越来越理性，效果并不会太好。为此，我们不如把对商品的赞美形象情节化，让用户通过感人形象的情节来认知你的产品，只要用户记住形象化的描述，就能够记住你的产品。比如我们可以在博文中插入一些让人难忘或能充分说明问题的图片，还拿汽车这款产品为例，在介绍其通过性的时候，放一张汽车在水中或岩石中通过的照片，这样会更加形象有趣。

如同我们看电视一样，如果有一个情节让我们感动，那么，关于这个情节的内容一定会给我们留下深刻的印象。

形式多样化

一篇完整的博文是有生命的，一个完善的产品也是有生命的，在利用博客营销时，把这两个有生命的东西完美地结合在一起，就能够给读者耳目一新的感觉。其实方法很简单，就是运用形式多样的表现方式，从不同的角度、不同的层次介绍产品，用拟人化、童话、神话、无厘头、幽默等方式来表现内容，形式越多样、越有创意，给用户留下的印象就越深。

博文系列化

很多人都喜欢看电视剧，而且一旦看完第一集之后，总会情不自禁地继续观看后面的集数。现在有些电视剧是每天更新一两集，有些则是每周更新三四集，有些美剧甚至会在半年之后才会更新，尽管是这样，人们还是会不断地关注，留意网络上是否有更新，以期以最快的速度观看。为什么观众会有这样的感受和行为呢？

原因就是电视剧是一个系列，不断有新故事发生。我们的博客内容也需要有这样的表现方式，每天坚持不懈地写下去，把内容做成系列，不要苛求会有立竿见影的效果，只有长期地坚持，系列化地做下去，才能将影响力扩大。

37. 博客内容写作技巧

微商心语

一篇博文也是有生命的，精彩与否决定价值走向。

编辑博客如同写文章，不管你采用何种表现手法，写作的基本规则一定要把握好。只有将这一关键部分做好，才能最大化地给予读者视觉及阅读上的舒适感、愉悦感、流畅感。对此可从以下几点入手。

文章的基本要求

语句通顺，逻辑清晰，论点明确，论据充分，层次分明，错别字要尽量避免。写完后应该认真地逐字、逐句校对。掌握了这些基本规则，才不至于让读者在阅读的过程中被“卡”住，才能更好地理解你所要表达的意思。

制定吸引力的标题

写博文首先要有一个标题，而这个标题是否出彩决定着用户的点击率。一个不吸引人的博文标题，很少能够吸引读者的注意力，当然，不要去做标题党，内容与标题要相符，否则会让用户觉得你不诚信。曾经看到一个娱乐博客，由于某明星那段时间绯闻较多，作者在写这位明星的时候用的标题是“某某命犯天煞？”虽暂时赢得了读者很高的点击量，但因内容重复不断，与标题不相符合，点击量后来逐渐减少。

内容简明扼要

随着工作压力与生活节奏的不断加快，人们的时间也越来越宝贵，对于长篇大论的博文很少有人会认真地看完，那些简明扼要，字数精短的博文更能赢得读者的青睐。所以，博文的字数最好控制在 1000 字以内，简明扼要地表达出自己的观点即可，无须过多抒情以显示自己的写作水平。

写出深度

在保持内容简短扼要的同时，深化内容，挖掘出一些具有高度的观点，会让你的博客卓尔不群，更具深度。

善用第一人称

在常规的出版物中，作者都是站在中立的角度进行阐述的，而在一些小说当中，作者往往是用第一人称来写作的。因为运用第一人称，对读者来说更具故事感和吸引力。为此，在符合我们营销产品的情况下，可用第一人称进行写作表达，来提升内容的可读性。

插入链接

博文写完后，可插入企业网站的链接或者你的一些优秀作品的链接，或者是一些关于营销主体的媒体报道，引导读者继续阅读，加深印象。此外还可以插入一些联系方式，比如近几年流行的二维码，如果用户对推销的产品感兴趣，必然会拿出手机扫描，这样便会将此用户转移到另外一个自媒体中。

博文开头

博文开头的两段是重点部分，如果这两段不够有吸引力的话，读者就会没有兴趣继续往下读。如果以故事形式表现的博文，可以将开头写得更具悬念性一些；如果以形象式写作的博文，可以运用几个具有吸引力的疑问句。具体如何开头，可根据博文的表现形式及营销产品来确定。

博文编排

博文的编排以读者浏览方便为宗旨，纯文字多分段，行距不要太小，字体要适中；如有图片，文字和图片要配合密切。避免产品文字介绍完之后好几行才出现与其匹配的产品图片，这样会给读者造成困扰。

38. 博客营销推广技巧

微商心语

推出去的是信息，收回来的是效益，这才是成功的推广。

当前，从我身边一些熟悉的营销博客来看，有些人付出了1%的努力，得到了99%的回报，而有些人付出了99%的努力，仅得到了1%的回报，差别之大不得不使一些人感到心理不平衡，抱怨“上天”的不公，无奈地摇头说：“不懂博客。”

其实，不是上天不公，也不是他们不懂博客，而是他们不懂博客营销推广的技巧。以下分别介绍几种行之有效的博客营销推广技巧。

争取博客内容“首页推荐”

个人博客是构建在某网站基础之上的，如果你的博客内容能够在该网站的主页博客显示，那么一定会吸引较多的关注。比如一个网易博客用户的一篇文章被网易博客编辑推荐到网易博客的首页，那么影响力必然是巨大的。这就要求我们，把自己博客中一些精彩的文章推荐给该网站博客编辑，争取获得推荐。

与其他博主互踩留言

加相关的博主为好友，主动关注，比如你是做电脑行业的，那么就加这一类排名靠前的博主为好友，在对方的博客内容中留言回复，并留下自己的博客地址（需要注意的是自己的博客地址不要留在留言中，要写在提示框中）。最好的效果是在与对方互动的过程中能够与他的博客进行友情链接，文章能够互相推荐，这样能够带来更多的目标关联浏览量。

利用热点事件

一个社会热点新闻能成就一个名记，同样，一个热点突发事件会成就一个名博。在经营博客的过程中，我们经常会看到一些事情一夜之间突然就火了起来，迅速成为人们谈论的话题。这时，我们要抓住这个热点，以这个热点事件为载体，将自己推广的产品融入里面，通常会取得较好的效果。

通过其他常用媒体渠道推广

在网络中我们通常会在各个领域注册一些账号，比如玩游戏时的游戏账号、娱乐网站的账号、工作休闲时的各大论坛账号、聊天时用的 QQ、MSN 等，将自己的博客地址放在这些账号中，这样会放大扩散范围，同样能够提升博客的人气。

通过相关论坛推广

积极访问各大相关论坛，看帖子进行留言、讨论，将个人签名设置成带有自己博客地址的链接。有两点需要注意：第一，一定要找相关论坛，比如你是销售汽车的，那么就到汽车论坛去留言互动。第二，留言中不要带有广告语言，这会让读者感到反感。如果对方对你的留言感兴趣，会主动查看你的资料，然后进入你的博客。

用次博客推主博客

拥有博客功能的网站有很多，博客用户也被这些网站进行了分割。对于非营销人员来说，通常一个用户只有一个博客，这些用户分布在不同的网站平台；对于营销人员来说，要让分布在不同网站的博客用户尽可能都看到你的推广内容，最好的方法就是在一些大的博客网站都创建自己的博客。而如果是这样的话，营销人员的精力就会被分散，营销效果反而不理想，因此，微商朋友们首先要为自己选择一个主营博客，其他的皆为次博客。然后以其他的博客来主推主博客，把力量用在一个博客身上，让一个博客火起来，那就是值得的。

第五章

视频营销：冲击视觉的享受

39. 认识视频营销

微商心语

视频可以更加直观地将信息传递给受众，也是被人们所认可及喜欢的一种信息传递方式，微商视频营销会将微商提升到一个新的高度。

每天晚上，我们都会打开电视看电视，其中不乏有很多广告，这便是视频营销的一种形式。显然，视频营销从有视频开始便已经开始发展。我们可能不了解某种商品是什么，主要作用是什么，功能有哪些，但通过视频信息的传递，不但会让我们了解该怎么用，而且还会在头脑中留下深刻的印象。

从人体认识事物的角度来讲，以视频的方式传递信息会比任何一种方式有效。比如我们以前打电话基本是语音，对于一个陌生人来说，只能听到对方的声音，由此而想象对方的容貌，但自从有了视频电话、微信视频后，不但可以听到对方的声音，而且还可以看到对方的容貌，加深了我们对对方的印象。

当下，常用的视频营销方式有电视广告、网络视频、宣传片、微电影等，如某些企业制作的宣传片。某些微商和影视公司合作，将广告插入影视剧情中，在各大视频网站播放等。对于微商来说，在电视及一些收费平台上做视频营销广告，显然有些人不敷出，不合理。下面几节我会着重分析视频营销平台的选择。

对视频营销有一定了解之后，便要把握视频营销的亮点。在互联网发展迅速的今天，每个人都可能成为你的视频浏览者及传播者，因此，视频内容是视频营销的重中之重。视频营销主要有以下这样几种方式。

病毒式视频营销

所谓病毒式营销，就是在对方看了你的视频之后，不但激发了自己的兴趣，而且还会主动分享给其他人。这样，他便由关注者变成了传播者，而被传播的对象势必会像他一样，也由关注者变成传播者，这样便会病毒式地传播下去。

内容是视频病毒式营销的关键，通常一些经典的、有趣的、轻松的、有价值的视频，人们会主动去传播。如有些做自媒体的人，他们会针对当下时事要点，改编各种影视经典桥段，上传到一些视频平台，通常都有较高的转发量和阅读量。对于微商来说，我们当然也可以这样去操作，在视频内容中加入自己的产品信息，在取悦大众的同时，获得营销效果。

事件视频营销

在实体企业中，事件视频营销一直被使用，且效果一直非常明显，比如“优衣库事件”，不管是人为炒作还是确有其事，对于优衣库这个品牌来说，都起到了巨大的宣传推广作用。为此，作为微商，我们也可以策划一些有意思的故事，将这个故事拍成视频进行传播，这样便产生了新的营销价值。

整合视频营销

每一位用户都有自己不同的行为习惯，这使得不同的视频营销平台积聚了不同的用户。为此，我们可根据自己的产品定位，整合不同的视频营销平台，扩大受众群体。同时，还可以整合线上线下的活动，提升视频的影响力。

40. 视频营销四大优势

微商心语

微商视频营销有着其他任何营销方式不可替代的特点，它将视觉、听觉乃至感觉集于一身。

一些微商朋友经常问我，营销过程中为什么要加入视频营销呢?原因是它具有明显的四大优势，下面我们来一一探讨分析。

低成本，高效果

4G时代，让短视频得到了快速发展，打开微信朋友圈或网络，你会看到各种各样的营销短视频，用铺天盖地来形容也不为过。为什么会有如此多的短视频呢？主要原因就是简单、制作成本低、制作方便视频应用软件多。如我们耳熟能详的软件有：微视、秒拍、微拍等，用这些软件，你可以快速方便地拍一个短视频。再加上移动互联网的快速发展，很多微商朋友将营销方式转向了微视频。

体验性强，客户精准

与传统的营销方式相比，视频营销能更加精准地将信息传递给需求用户。一篇营销文案发布后，即使一些有需求的用户也很难让他们认识到自己的需求，而视频播放后，由于其更加直观，体验性强，能够刺激一些有需求的潜在客户更进一步地认识到自己的需求。

互动性、感染性强

据调查，同样的一个营销文案和一个营销视频发布后，视频的回复率要比文案的回复率高一倍。也就是说，视频能够刺激用户互动的主动性。此外，由于视频的感染性更强，所以更能刺激用户主动传播。

传播速度快

这一点我们很容易理解，同样内容的一个剧本和一个视频，用户更愿意转发哪一个呢？毫无疑问，当然是后者。一是因为后者所体现的信息更加直观；二是对于传播者来说，传播视频更能体现出自己的价值感。

做微商的朋友都知道，微信朋友圈有一种一键转发视频的软件，就是你可以把朋友圈别人发布的视频转发到你的朋友圈。这种软件有一段时间卖得非常火，为什么会这样？因为每个人都想把别人发布的高大上的视频转发到自己的朋友圈中，以体现自己在朋友圈中的地位。所以，视频的传播速度要快很多。

41. 内容决定质量

微商心语

内容是微商视频营销的灵魂，内容的质量决定着视频营销效果的质量，没有创意，只能去打酱油。

上一节我已经讲过视频内容的重要性，不是每一段视频都具有病毒式传播的特征，一个优秀的视频营销应具有以下特点。

超乎想象，打破常规

不管你的内容主体是什么，在情景设置上一定不能普通，内容要超乎人们的想象，进行适度夸张。比如在很多人的印象中汽车飞不起来，而你拍摄的视频中汽车飞起来了，解决了堵车的问题，这便会让观众觉得震撼；再比如人们用的手机各种各样，而你视频中的手机只有戒指那么大，带在手上就可以接打电话，同样也能给人震撼，让人觉得超乎想象。

在这样的视频内容中，加入你的产品信息，观众也愿意分享给他人。

创意决定传播扩散

我们经常会在微信及一些公众号中看到一些搞笑视频，觉得很有意思，浏览量及转发量都很高。这些视频之所以会被大量浏览转发，并不仅仅因为其内容搞笑，而是内容具有创意。如果没有创意，用户一般不会观看传播你的视频。因为随着视频内容越来越多，人们的视觉、情感都产生了疲劳感，没有创意的视频，很难打动他们。

一个手机品牌做了这样一个视频：一条鱼吃了一个手机，几个月后，这条鱼被钓鱼爱好者钓上了岸，发现了该品牌手机，但该品牌手机还能使用。视频内容是向大众传递其防水、耐用等功效。因为视频做得非常有创意，所以即使是广告，用户也愿意分享传播，并留下深刻印象。

情感视频，打动心灵

在各大视频平台，经常有一些视频让我们看了之后，颇为感动，随手转发。比如感恩节时我看到歌曲《我们都老了》的 MV 视频，在当时那样的社会氛围下，当我看完这个视频后，眼睛的确湿润了，因为其内容真正打动了我的灵魂。

很多微商视频制作者常犯的一个错误是，不能站在用户角度思考，特立独行，觉得自己的想法很优秀，视频一定会火，结果视频制作出来后才发现，与用户还有一定的距离，没有那么亲切，这是视频营销的大忌。

最优秀的视频营销，一定是百分之百从用户的角度考虑制作的。人是一种情感动物，即使再无情、再无理取闹的人，都会被一些情感因素所打动。所以，从情感这个角度出发，从用户的感受出发，去制作策划一些视频营销，是提升视频质量的一种很不错的方式。

42. 视频传播时间点的选择

微商心语

抓住机会，抓住时间，就成功了一半。

视频营销与微信朋友圈营销有一个共同点，那就是传播的时间点。在合适的时间播放合适的内容，营销效果才会倍增。

视频传播时间点的选择我们可以从两个方面去考量：一是视频内容，二是人们的生活习惯。

从视频内容选择时间点

我曾经在大年二十九看过这样一个视频：大年二十八，这是一个大雪纷飞的晚上，一个农村青年背着某品牌产品坐公共汽车回家，公共汽车上只有四个人。汽车走到一半的时候，车坏了。其他乘客看到这种情况，便等待司机修车并纷纷打电话求助，随后，他们陆续被朋友或家人开着轿车接走，只有这位农村青年没人接依然在等待。由于按捺不住想家的心情，青年背起背包，徒步向家的方向走去。背包里满是某品牌的产品，屏幕上出现一行字：“回家的路，谁也无法阻拦。”

这个视频广告之所以会深入人心，是因为抓住了中国文化民俗，在中国，春节是一定要回家的，体现了大雪阻挡不了游子回家的亲情。此外，选择在除夕前几天播放，正是人们回家心情最浓的时候，所以，愉快地达到了信息传播的目的。

在微商视频营销中，我们也应该抓住这一要点，比如你的视频内容展示的是使用你的化妆品，可以祛除青春痘，那么，你可以选择在晚上女士们卸妆或早上化妆照镜子的前后传播。试想一下，早上睁开眼睛打开微信，看到了一段祛除痘痘的视频，随后起床洗漱化妆的时候，发现了自己脸上一直存在的青春痘，你一定会想起刚才那个视频，甚至有欲望翻开再看一遍，寻找祛除痘痘的方法。

把你的视频放在客户最容易发现自己需求的时间点，激发客户的兴趣欲望，加深客户对产品的印象。

从人们的生活习惯选择时间点

每个人都有不同的生活习惯，有些人习惯早睡，有些人习惯熬夜；有些人习惯早起，有些人喜欢睡懒觉。要想让视频营销发挥最大的作用，就要在人们最容易观看视频的阶段传播。

当然，我们不可能对每一个人的生活习惯及作息时间点了如指掌，但我们应该试着了解大多数人的作息习惯。在合适的时间推送合适的视频。

通常，一天当中，人们观看视频的时间点是中午和晚上。中午饭过后，大多数人会抱着各种需求及目的打开手机，翻看一些视频。在我的朋友当中，有相当一部分是这类人。中午吃完饭，他们会很自然地掏出手机，然后坐在对面的我就会听到各种视频声音。

此外，晚上也是一个不错的视频推送播放时间。据调查，目前有40% 的人已经不再看电视，而是习惯翻着手机，这一点我们从各大手机视频网站就可以看出。所以，在人们吃完晚饭后，推送传播视频，是最佳的时间点。

43. 平台决定推广度

微商心语

选择一个正确的视频营销平台，视频营销等于成功了一半。

将你的营销视频分别放在关注人数不足 500 人的公众号中和优酷网上，你觉得哪个营销效果会好一些？

毫无疑问，显然后者的效果要好于前者，这是因为后者视频平台的浏览量及用户要远远多于前者。也就是说，同样一个营销视频，在不同的平台推广会有不同的效果。当然，并不是说越大的视频平台推广营销效果就会越好，这要根据营销主体而定。

专业内容，以行业定平台

在大多数人眼中，微商就是卖化妆品、日用品、生活用品，其实不然，微商是一种新型的商业模式，可以销售任何一种商品。只不过微商在起步初期，所运营的产品主要是以化妆品、日用品、生活用品为主而已。

通过微商平台，你可以卖电脑、可以卖技术、可以卖桌椅板凳，甚至可以卖汽车等。只要是产品，有市场需求，都可以采用微商的模式运营。那么，对于一些专业性强的行业产品来说，要进行视频营销，势必要拍摄一些专业的视频。对于这类产品，我们应该以视频平台的专业性来确定营销平台，而非浏览量。

比如你经营的是五金产品，主要针对的是房屋装修用户，你拍摄的视频也与之相关。那么，当你把这类视频放到优酷、土豆等用户浏览量较大的网站平台进行营销，效果不一定会明显。而如果你与一些房地产、装修网站合作，把视频放到他们网站后，效果一定会非常明显。因为尽管后者的用户浏览量没有前者大，但潜在准客户要优于前者，所以营销效果也要优于前者。

大众内容，以浏览量定平台

这里所指的大众内容，是指每个人都能够用到的一些产品，比如洗发水、肥皂、衣服、各种食物、美容产品等。因为这类产品每个人都会用到，在选择平台时要以平台用户的浏览量为考量标准。

我有一个做日用品的微商朋友，在我给他讲了视频营销的优势后，回去找人做了一个营销视频。然后问我放在哪个平台比较好，我对他说："随便，放到哪个平台都有作用，越多越好。"

我这个朋友比较实诚，回家后打开电脑，在各大视频网站上传他的营销视频，同时在一些小网站及自己的微信等自媒体中也进行传播。第二天，加他微信的好友爆棚，效果出奇好。

以上两点便是平台决定推广度的含义，平台是否知名不重要，合适才是最好的。

44. 营销视频制作要素

微商心语

制作视频是视频营销的基础，视频制作要点，决定视频的质量。

随着科技的发展，制作视频看似是一项非常简单的工作，相机可以拍摄视频，手机可以拍摄视频，可以说，人人都可以制作视频。这也就是作为微商，运用视频营销的必要性。很多事情，简单的背后必有复杂的一面，营销视频制作也是如此，把握要素，才能制作出一个优秀的营销视频。

主题设置

设定主题是视频制作的第一步，营销视频的主题一定要具有诱惑力，广告产品要与主题贴切，且能够融入主题当中，这是非常关键的一点。这里我们要考虑到用户的抵触心理，对于所有用户来说，他们在观看视频的时候是最讨厌广告的，这一点我们每个人都深有体会。

视频内容与广告的融入是一项技术性较强的工作，把握过度，广告痕迹太明显，易引起用户的反感，用户自然不愿意看；把握不足，广告不明显，起不到营销的作用。所以，我们需要更改视频剧本，巧妙地将自己的产品广告植入其中，让用户在享受视频乐趣的同时接受你的广告信息。

标题设置

一个优秀的、具有吸引力的视频制作好之后，我们还需要一个具有吸引力的标题为其锦上添花。标题是最先进入用户视线的，好的标题往往能够吸引众多的用户，刺激他们打开并观看。所以，网络上出现了很多“标题党”，而我们要做的不仅是“标题党”，还应该是“内容党”。

举个例子，比如武大郎、潘金莲与西门庆的故事，如果将标题改成“一个女人与两个男人的故事”，相信一定更有吸引力，点击率一定会非常高。

标题的设置一要有悬念，能够让人浮想联翩，激发人们的想象力；二要结合当时社会热点，比如三聚氰胺事件、世界杯等，结合这些内容拟定标题，通常都能够激发人们的观看欲望。

视频制作方式与大小

视频制作方式有很多种，可以自己买专业设备拍摄，也可以用自己的手机拍摄，还可以剪辑其他视频片段制作，至于选择哪一种方式，要根据自己的情况而定。有一个微商做了一个“世界十大奇葩事件”，内容大多都是通过剪辑而成的，内附有自己的微信号和产品。用了三天的时间制作完成，发布之后，吸引了一千多的粉丝，效果很明显。显然，对于微商来说，这种“生意”还是比较划算的，用小成本换取大量粉丝。

第六章

微信营销：微商营销的主战场

45. 微信营销的特点

微商心语

微信营销是微商营销的主要战场和基础，要运用好此战场，必先了解其特点。

微信是由腾讯控股有限公司（Tencent Holdings Ltd.）于 2010 年 10 月筹划启动，由腾讯广州研发中心产品团队打造的一款交流工具，于 2011 年年初推向市场。

从腾讯公司对微信的定位来看，微信对于个人来说是一个与朋友、私密关系群体交流的工具。然而，因为微信的好友可以从通讯录和 QQ 好友里面导入，对于营销人员来说，很多人的客户也大都存在通讯录和 QQ 里面，加之微信具有一对多群发消息的功能，为此，微信自然而然地拥有了自媒体的特点，也具备了一定的营销功能。

随后腾讯公司推出了公众微信账号，官方的定义是：提供信息流转、连接用户与服务、实现沟通互动、服务定制（会员卡绑定、企业客户关系管理、软硬件交互）的工具。但是它与微信一样，同样具有一对多群发消息、一对一沟通、像微博增加粉丝一样增加订阅用户等功能，同样具备自媒体及营销的功能。

任何一款通信工具，只有在用户达到一定数量后才会起到其该有的通信作用，进而才能体现其延伸功能，比如营销。就微信用户的发展来说，2012 年 3 月底，微信用户破 1 亿。2012 年 9 月 17 日，微信用户破 2 亿。截至 2013 年 12 月底，微信用户已经突破了 6 亿，而且用户数量还在不断剧增中。也就是说，已经有越来越多的人在使用微信，随着用户数量的增加，微信已经融入了人们的生活，成为一种新的生活方式。从目前人们对这种软件的使用情况来看，这种趋势已经越来越明显。下面我将从营销的角度阐述微信的一些特点。

微信的基本功能

一是发送语音短信、视频、图片（包括表情）和文字。这种功能可以让我们将企业产品、品牌、形象等以图文的形式进行编辑，给予客户群体最好的感官效果。

二是群聊群发功能。腾讯开发这个功能主要作用是用于多个朋友之间交流，而对于微商营销来说，可以与客户进行群聊，进行产品、企业品牌等方面的展示。此外，最大的优势在于将图文信息进行群发，提升推广内容的曝光率。

三是流量成本。1M 流量可发约 1000 条文字信息、1000 秒语音信息、约 1 分钟视频信息，后台运行只消耗约 2.4K/ 小时，图片压缩传输，节省流量，极大地节省了使用成本。

四是私密性。不同于微博的是，商家、媒体、明星、自媒体营销者与用户之间的对话是私密的，不会公之于众，所以，可以根据自己的需求推送一些个性化的内容。

微信营销的优势

一是节省推广费用。除了具有大多数自媒体一样的低成本外，微信从开通到运营都是免费的，前面我们提到上网流量的费用也是非常低的，所以利用微信推广极大地节省了费用。

二是用户真实有效。一方面，微信的用户都是从手机通讯录或

QQ 好友里面导入的，另一方面也可以通过朋友之间的二维码扫描互动添加。所以微信的用户都是真实存在的，且是有价值的。比如你在朋友圈进行营销，内容能够百分之百地到达用户处。曾有人说："微信 1 万个听众相当于新浪微博的 100 万名粉丝。"我想也是基于此原因吧。

三是内容推送精准。比如微信公众账号，我们可以利用后台的分组功能将用户分组，然后对不同用户发送不同的信息，而且还可以图文并茂地将推送信息优化。对于认证的账号，还拥有更高的权限，比如推送专题信息等，这一点会在后面几节详加介绍。

四是用户数量庞大。从 2016 年微信用户数量统计的公布信息显示，微信的注册用户已经突破 9.27 亿，其中活跃用户已达到 5.49 亿。超高的用户量无疑给它带来了更大的商业价值、营销价值。以亿计的用户对象，作为微信营销者就看你能抓住多少。

五是节省人力成本。微信营销工作只需一个人即可操作，甚至一些企业的秘书、办公室文职人员都可以兼任。每天只需要将所推广的内容发送给目标客户即可。此外，有些餐厅还采用公众微信进行订餐，只要用户将需求利用订阅号发送到餐厅的公众微信，就可以实现订餐。

六是亲和力强。用微信推送消息不是强制性地让用户接受，用户可以自主选择是否读取该内容。比如在公众微信中，运用"高级功能"中的"关键词自动回复"功能，添加相关规则，让用户自己回复关键词，选择想看的内容，这样会使得营销的过程更加的人性化。

七是用户质量高。根据微信官方发布的数据，在 2000 万活跃用户中，25 ~ 30 岁的超过了 50%，而且主要分布在国内一线城市，白领阶层、高端商务人士、追求时尚的人士居多。而这些人士正是消费的主力，因此从营销的角度分析，这类用户质量非常高。

八是方便快捷。随着智能手机的发展，未来的智能手机几乎可以拥有电脑的所有功能，只要你带着手机，就能够用微信与用户进行交流互动，这为营销工作带来了极大的方便。

46. 微信营销形象包装

微商心语

让人眼前一亮的微信，放在那里就是营销。

对微信营销有了一定的了解之后，下面我们需要掌握的就是微信的操作技巧，只有充分掌握了其操作技巧，才能将微信营销的能力发挥到最大。也许有些人会认为，微信不就是那几个功能吗，还有什么好研究的呢，其实不然，除了常用的一些功能外，微信还具有一些被人们忽视的功能，而这些功能也影响着营销的效果。

注册登录

使用 QQ 注册时，直接点击“使用 QQ 注册”，输入自己的 QQ 号和密码，便可注册成功。在注册成功后填写个人资料时，微信会要求设置微信号和昵称，如果你要把微信作为营销工具，这一点一定要非常注意。微信号是用户在微信中的唯一识别号，必须大于或等于六位，而且注册成功后只能允许修改一次。也就是说，在别人需要加你为好友的时候，你只需要告诉对方你的微信号，对方就可以找到你，如同一个人的一个身份证一样。

昵称设置

微信的昵称可以修改多次，对于微营销来说，昵称的设置和修改要非常注意，否则，会极大地影响微信营销的效果。如果是卖面膜的，那么昵称可以设置面膜的品牌名字，或者自己的名字，或者与美容有关的名称。

所以，我的手机微信昵称是“刘瑞军”，微信号是：lrj320。这样便于和我手机上通讯录的好友及客户沟通，在我发布相关产品理念的时候，他们会清晰地看到是我的东西。我的公众微信号的昵称是：“企业管理营销研究室”。目的是迎合大的市场，因为在网络上各种各样的客户都有，知道“刘瑞军”的没有多少，而对“企业管理营销研究室”感兴趣的必然很多。所以说，我手机微信营销走的是亲民路线，里面很多好友都知道我叫刘瑞军。公众微信走的是大众路线，能吸引更多的人关注“企业管理营销研究室”。

头像设置

头像的设置可以是自己的头像，也可以是你所销售产品的图片，当然，如果你头像的曝光率不是很高，用产品图片更加直观。

47. 微信公众号操作指南

微商心语

群发推送、自动回复、二维码订阅，微信公众号让微商营销更加给力。

在微商营销中，我们经常会看到一些微信公众号的影子，对于一些对微信不熟悉的人，他们甚至把一些微信公众号认为是 APP 客户端，觉得高深莫测。这说明，微信公众号对微商营销来说具有一定的作用，那么，要用好这个工具，首先我们要了解它。

微信公众平台是腾讯公司在微信的基础上开发的一个交流平台，在这个平台上，个人和企业都可以打造一个属于自己的微信公众号，如同微信公众号的广告语："再小的个体，也有自己的品牌。"

微信公众号可以实现和特定群体的文字、图片、语音的全方位沟通、互动。还具有二维码订阅、消息推送、品牌传播等特色功能，是微商营销最有效方式之一。下面，我们对微信公众号做一个全面的介绍。

微信公众号的注册

微信公众号的注册比较简单，打开微信公众平台，以自己的邮箱按照提示操作便可以完成注册。这里需要注意的是，在填写资料的过程中，微信公众号的名称和微信号可以自己设置，名称是不可以修改的，微信号可以修改一次。所以，从营销的角度讲，一定要设置一个与自己业务有关的名称，比如“美肤产品研究室”“农家庄园”等，总之，要根据自己所营销的主题而取名。

公众微信基本功能解读

进入后台主界面后，左边有：“功能”“管理”“推广”“统计”“设置”“开发”这样几个功能。

功能：分为“群发功能”“自动回复”“自定义菜单”“投票管理”。群发功能主要是向用户群发信息和查询已经发送过的信息。可以针对不同的对象群发关于文字、图片、语音、视频、图文消息的内容，但目前每天只能群发一条信息。群发功能的右下角有一个“同步群发到腾讯微博”功能图标，作为微商营销工具，在发送的时候最好能够点击，因为它能够扩大信息的传播范围。

其他几个功能可根据官方提示说明而进行有效使用。

管理：分为“消息管理”“用户管理”和“素材管理”。基本功能一目了然，从营销的角度出发，我们需要注意的是：

在“消息管理”功能区，用户发给你的消息要及时回复，对于一些重要的信息可以使用“星标功能”加以标注。在“用户管理”功能区要对用户进行清晰的分组，比如你是做销售的，那么你可以把用户分为潜在客户、准客户、已成交客户三类，然后在推送信息的时候针对不同的用户推送，这样效果会更好。“素材管理”功能区主要是编辑保存一些图文、语音、视频信息，在这里你可以对这些信息进行删除和修改。

统计：这一功能对于我们做营销的人来说非常重要，需要对这一功能有一个全面的理解。主要分为：“用户分析”“图文分析”“消息分析”“接口分析”“菜单分析”“网页”几个功能。

在“用户分析”功能区，从“用户增长”处你可以了解到你的用户增长的速度以及对你取消关注的人数。这些数据有助于我们调整营销方案和方式。在“用户属性”功能区我们可以看到所有用户的性别、语言、地域分布等信息，通过这些信息，可以分析营销主体在不同人群不同地域的受欢迎程度，有助于进一步认识产品的目标用户。比如你是卖某品牌汽车的，如果关注用户最多的是男性、北京地区，那么，说明这类人群及地域就是你的主打。

在“图文分析”功能区，你可以清晰地看到所发送的某条消息的送达人数，图文页阅读人数，原文页阅读人数，以及分享转发人数。由这些数据可以判断这条信息受用户欢迎的程度，以及辐射率。有助于我们调整编辑出最合适的推送内容。其他几个功能通过界面操作就可以明白，这里不再做解释说明。

设置：这一功能区有很多微商营销时所需要的东西，比如修改头像，下载二维码及修改其尺寸，修改简介，申请认证等。

其他功能界面这里不再做介绍，认真阅读官方说明即可看懂，然后结合微商营销合理使用即可。

48.　微商营销选择订阅号还是服务号

微商心语

对于微商营销来说，选择服务号还是订阅号，这是值得注意的一个问题。明白其各自的特点，便可正确选择。

很多做微商的朋友在申请公众微信之后，发现有公众号和服务号之分，一时之间有些摸不着头脑，没了主意，到底是选择服务号还是订阅号呢？下面我从微信营销的角度进行分析。

公众微信订阅号的特点

公众微信系统默认的为订阅号，也就是你在申请微信公众号后，进入时系统默认为订阅号。订阅号主要有以下一些特点。

一是主要是为用户提供相关信息和资讯，所以媒体运用得比较多。

二是存放在用户手机的订阅号文件夹中而不是通讯录中，订阅号每天可以群发一条信息，且信息会存放在订阅号文件中而不是好友消息中。

三是群发信息的时候，手机不会像手机短信那样去提醒用户，用户只有主动翻阅才能看到相关内容。

从第二个特点可以看出订阅号被放在了单独的文件夹中，官方术语叫订阅号折叠。很多人觉得这样设置或许会影响订阅号的影响力，因为用户在看订阅号推送的信息的时候，首先要打开手机订阅号文件夹，然后从中找到目标订阅号，最后点击目标订阅号才能开始阅读，这样无疑会影响信息推送的到达率。

的确，微信订阅号折叠势必有这样的影响，但是这样做可以有效遏制一些利用微信公众号滥发信息、推送垃圾信息的行为，有利于个人微信的长期运营。从我的微信公众号的用户来看，订阅号的折叠对用户的阅读有一定影响，但影响不是很大。对一些高质量的订阅号来说基本没有影响，因为这些高质量的订阅号，其用户定位清晰明确，内容真实有效。所以，如果你选择了订阅号，那么一定要将品质提高，这样才能不受订阅号折叠的影响，吸引并留住客户。

从以上几点我们可以看出，订阅号必须要走精品路线，如果还是按照当前的某些微博一样，每天无时无刻地滥发垃圾广告信息，忽悠欺骗读者，是没有市场的，最终会走向灭亡。总之，订阅号要有平台运作的思维，跳出原先死缠烂打的广告营销方式，既然每天有一次机会推送信息，那么就要把这一次的信息做成精品，赢得用户的认可。

公众微信服务号的特点

公众微信服务号是公众平台的一种账号类型，旨在为用户提供服务，公众微信服务号具有以下一些特点。

一是服务号一个月只能群发 4 条信息，而订阅号每天可以群发 1 条。

二是服务号发送的信息会显示在手机用户的聊天列表中，而订阅号则显示在订阅号文件夹中。

三是服务号可以申请自定义菜单，也就是说你可以自行设置你的微信平台，而订阅号没有。

四是服务号群发的消息有消息提醒功能，也就是说用户在接收到服务号推送的信息后，会有像短信那样的声音提醒，而订阅号没有。

五是服务号的功能主要偏于服务交互类（类似银行，114，提供服务查询）。

从订阅号和服务号的功能特点来看，它们各有优势和劣势，比如订阅号可以每天群发一条信息，而服务号不能。服务号有信息提醒，且显示在手机用户聊天记录中，到达率很高，而服务号不能。所谓鱼和熊掌不可兼得，有得就有失，那么，我们需要根据自己的需求而定，如果你每天需要更新信息，推出新的产品，那么用订阅号是最好不过的。而如果你只是定期地发布信息，最多一个月一次，且需要设置一些自动回复等方面的功能，便可以选择服务号。

49. 公众微信的推广与用户发展

微商心语

公众微信的内容最好以图文的形式编辑然后推送，线上线下共同进行。

微信营销表面看来人人都可以做，但实际上，要将微信营销做好却有一定的难度，如在推广发展用户方面，就是一个很大的挑战。通常我们的营销思路是：第一，让客户看见。就是说需要到人多的地方去，给客户一个印象。第二，让客户了解。让客户进一步了解你的产品，产生好感。第三，让客户认可。让客户购买你的产品，并在心里扎下根。这样就是一个完美的营销活动，而公众微信推广也可以从这个思路出发。

公众微信推送技巧

△ 内容推送

利用公众微信推送内容时，最好采用图文信息，这样的信息更具有可读性。文字字数保持在 200 ~ 1500 字，图片不要超过 3 张，尽量选择横向图片，置顶的图片分辨率在 395×220 左右，缩略图大小在 200×200 左右最佳。

△ 推送方式

公众微信的内容最好以图文的形式编辑然后推送，也就是你在群发功能中看到的图文信息。你可以选择多图文信息和单图文信息。如果你推送的内容比较单一，建议使用单图文信息，比如你推送介绍的只是某一型号的产品，用一条图文信息就能够清晰地说明。而如果你推送的是一个系列的产品，那么用多图文信息更加有条理性。不过多图文信息每次发送不要超过3条。

△ 关键词自动回复

“关键词自动回复”的主要作用是通过规则添加，使订阅用户向你发送的消息内容如果包含你设置的关键字，那么，你设置的关键字对应的内容就会自动发送给订阅用户。比如你设置的关键字是“L”而“L”对应的是你们公司的简介。那么，只要用户向你发送字母“L”，你们公司的简介就会自动发送给用户。

公众微信推广思路

△ 找到用户源

根据自己营销的主体方向，找到客户群聚集的地方发表相关内容，将自己的公众微信号传播出去。比如你是做汽车营销的，那么，你可以在各大汽车网站论坛发表相关内容，让目标客户看到你。

△ 引导用户分享

如果你的推广内容能够让用户不断地分享下去，那么营销的效果就会被放大。所以在内容中不妨加一句“如文章对您有用就分享到您的朋友圈吧”类似的话，引导用户尽可能地将推广内容分享到自己的朋友圈。

△ 利用微信导航网站

在各大微信导航网站进行推广。通过网络搜集相关微信导航网站，然后注册发表微信，能够一定程度地提升关注数量。

△ 通过已相对成熟的媒体带动

如果企业有自己的网站、杂志、报纸等媒体，可以将公众微信的二维码发布在这些媒体上，达到推广宣传的作用，此外，还可以用自己的微博推广公众二维码，以此来提升公众微信的粉丝。

△ 线上线下共同进行

很多人的公众微信都是通过线上来推广的，如前面讲到的利用网站、微博等方式推广。其实，线下推广也是非常重要的，而且效果往往更加明显。前几天我和朋友去看房子，看到国内一家规模较大的房地产商在做活动，内容很简单：只要你加入他们公司的公众微信，就可以免费领到一包湿巾。很多人都在用手机刷房地产公司的二维码，领取湿巾的人特别多。由此可见，线下活动能够有效提升微信订阅用户的数量。

50. 用户就是你的上帝

微商心语

微商营销，不管你运用何种平台，用户粉丝就是你的“上帝”。

有些微商在获得越来越多的用户之后，开始有些骄傲了，觉得用户已经这么多了，多一个少一个无所谓，为此，他们的服务质量越来越差。比如对于有些用户的提问，他们不管不问，觉得有这么多用户，多你一个不多，少你一个不少，最后导致的结果就是用户逐渐减少，前期做的努力付诸东流。所以，在微信营销中，我们始终要把用户当作你的上帝，用心去服务你的每一位粉丝。

让用户感受到你的存在

“客户就是上帝”我们已经念叨了好多年，大量的事实证明，只有我们把客户当作上帝，才能留住客户，使得客户相信你。同样，在微信营销中，我们也要使得用户对你产生一种信任感，那么，让用户感受到你的存在是取得用户信任的途径之一。也只有让用户感受到你的存在，你才能更好地服务客户。

在人际交往中，互动能够拉近彼此之间的距离，可以加深你在对方心中的印象。就微信来说，服务用户也需要从互动开始，具体可通过以下几种方式进行操作。

△ 引导用户回复

在产品图文推广的过程中，可以提出一些问题，后面加一句“你觉得呢？”“你认为会怎样呢？”等，激发用户的兴趣，从而引导用户回复。用户的每一次回复，都能够加深对你及产品的了解，此外，用户回复得越多，你就越有机会与用户良好地互动。

△ 积极回复用户

只要是朋友圈中好友提出的问题，我们尽量都能够一一回复，当然，如果你的粉丝好友较多，同一时间有很多人在提问，对于这种情况，你可以将用户的问题归纳总结，然后写一篇文章集体回复解答。当然，最好是能够一对一地回复，只有这样，用户才能加深对你及产品的印象，充分感受到你的存在。

把用户的问题当成你的问题

在与用户互动的过程中，用户可能会提出一些你所不知道的问题，或者是一些不着边际的问题，这时切不可用忽悠、糊弄或者不屑、讽刺的方法对待。

对于客户提出的你所不知道的问题，要通过查阅相关资料尽量给客户一个完美的解答，这样做一方面是为了维护你的用户，另一方面你自己也可以得到提升。

对于用户提出的一些不靠谱的问题，不要鄙视用户或者直接在微信中用讽刺的语言回复。诚恳认真地解释，体现出你的诚意。而且你向这一位用户体现的诚意，因为其他用户也能够看到，等同于向你的所有微信用户体现出了诚意。

微信内容宁缺毋滥

有些微商某天由于有急事，但为了保持内容推送率，会草草地编辑一条营销微信发到朋友圈，这种营销心态无可厚非，但内容一定要保证质量。俗话说“一颗老鼠屎坏了一锅汤”，你之前所发的内容质量可能非常高，但可能就会因为这一篇随便凑来的信息影响用户对你的信任度，甚至有可能准备代理你产品的用户取消此想法。所以，即使某天你没时间编辑内容，也不要随便弄一篇内容来糊弄你的用户。微信内容宁缺毋滥。

51. 内容打开率才是王道

微商心语

让客户看到你的信息，是微商营销的基础。

电视节目播放出去，如果很少有人收看，收视率很低，对大众的影响力也会降低，那么商家就不会在你这里做广告，电视台的收入就会降低。同样，微信内容推送出去，如果打开看的人很少，那么，微商的营销效果就会降低，对大众的影响力也会显得微弱。所以说，微信营销的力量是否能够完全散发出来，关键在于打开率。

微信的打开率通常与微信发送的时间、文章标题、美誉度有极大的关系，下面我将对这几个方面进行逐一的解读。

推送时间

内容打开率如何？朋友圈的朋友会不会去看？首先最重要的一点就是推送时间，试想一下，如果你凌晨三点推送，和中午 12 点推送，内容打开率必然是不同的。关于这一点将在本章第 59 节“朋友圈信息发布的黄金时间”着重阐述。

文章标题

网络上有一个词汇叫“标题党”，意思是用颇有创意的标题吸引读者的眼球，其目的是吸引读者点击查看。当然，“标题党”一词有贬义之意，因为它通常指的是标题与内容无关。而在微信营销中，我们也需要“标题党”，不过我们要发挥“标题党”积极的一面。

比如欧州某国把《水浒传》改译为《105 个男人和 3 个女人的故事》，在内容不变的情况下，后者更能吸引读者的好奇心。再比如把武松打虎的故事用“人虎相争，勇者胜”做标题；把孟姜女哭长城的故事用“老公客死他乡，老婆寻找感动了天”做标题，等等。

要写好微信内容的标题，有以下几点需要把握。

一是简洁。

用最简洁的文字表达出内容，不要标题做了很长，却没有说明主题，或者偏离内容主题，这样的标题不但不能吸引读者，而且还会让读者有上当受骗的感觉。

二是独特。

好的标题能够让人过目不忘，而且还能够引导读者联想到很多内容。能给人一种呼之欲出的愉悦感，这样的标题才是新颖、独特的。

三是直接点明主题。

意思是标题能够非常直接地表明内文的意思，没有任何的遮盖。比如“汽车首保需要注意的六点”“汽车出事故后，你需要做的几件事情”，等等。这样的标题一目了然，读者看了之后如果有需要，会毫不犹豫地点击查看。

四是间接点明主题。

间接的标题不会表明文章的主要内容，用一些文章内容边缘的或者不相干的词汇，主要目的是引起读者的兴趣，吊足读者的胃口。比如“别中了‘他’的奸计”“管理的背后”“高管‘秘闻’”，等等。

五是数字式的标题。

有一本书叫《十万个为什么》，这本书之所以能够深入人心，与其标题是密不可分的。用数字做标题，会显得更有逻辑条理性。比如“微信营销的绝胜 8 招”“驾驶汽车 6 步走”“客户异议处理的 52 个技巧”“电话销售逆袭 52 计”“男人应该给老婆的 4 个谢谢、5 个尊重”，等等。

六是方法式标题。

通常在一些建议类文章里面会出现这样的标题，比如“如何打造最有营销力的微信”“如何设置公众微信关键字回复功能”，等等。

七是提问式标题。

也可以称作为诱导式标题，方式是以问题为标题，引导读者点击查看具体内容。如“为什么你的脸上总长青春痘？”“你知道久减不瘦的真正原因是什么吗？”等等。如果读者对你的问题感兴趣，通常会点击查看。

52. 二维码的秘密

微商心语

扫一扫，便能让我们相互连接。

日常生活中，我们经常会见到及使用一些二维码，比如火车票上的二维码、微信二维码等。通俗地讲，二维码可以储存大量的信息，通过扫描，二维码中包含的信息可以实现转移传送。

微信中的二维码也具有同样的功能，相信很多人都在用，通过扫描朋友微信的二维码，你可以加对方为好友，然后获得对方的相关信息，通过这种方式可以快速地实现信息的互换与转移。

可以说，二维码营销是现代社会发展的重要趋势。

当下，智能手机普及率已经非常高，几乎人手一部，为此，二维码的营销商机也逐渐凸显了出来。通过媒体，你会感受到国内很多企业都在使用二维码营销，比如你走在大街上，你会在宣传单上、户外广告上、数字媒体上等地方看到二维码。但是，这些二维码很多只是被当作一个连接彼此的工具，缺乏亮点。因此，并没有把二维码营销的优势充分发挥出来。微信二维码同其他商品的二维码一样，不能只局限于“连接工具”上，而是要将其二维码营销功能充分展示出来。

比如在韩国有一个量贩式超市，在 2001 年的时候，他们整合了公交站、地铁等广告模式，打出“二维码手机购物”活动，消费者只要运用手机扫描某商品的二维码，就可以给予一定的折扣。这种方式在当时赢得了很多消费者的喜爱，销售量同比增长了130%，超市会员的人数也提升了76%，可以说是名利双收。

那么，我们可以思考一下，在微信营销中，我们是不是也可以运用微信二维码推广，来扩散影响力呢？

前面我们分析过，二维码之所以流行，是因为智能手机的普及，用智能手机可以方便扫描二维码。此外还有一个原因，就是移动手机网络的普及。走在公众场合，你随时都可以看到有相当一部分人在低头玩手机，如果你仔细观察，他们无不都是在上网浏览信息。这说明移动互联网已经非常普及。拿中国移动、中国联通来说，在他们推出的大多数套餐中，都包含很多的免费流量。这也推动了人们对移动手机网络的运用，久而久之，人们养成了使用移动网络的习惯。用户使用移动网络的习惯一旦形成，我们就可以顺势将二维码放在用户面前，用户也会顺势拿出手机进行扫描，二维码营销也就会成为一种流行及趋势。

据调查，与传统的营销方式相比，消费者对于结合二维码推出的营销更感兴趣，这主要是因为通过二维码方式的信息传递，消费者更具有主动性，而不只是被动地接受信息，避免了消费者的逆反心理。比如我们经常会接收到一些垃圾短信，大多都是卖车卖房之类的，每次接收到这类短信都会有一种厌恶感，为此，很多人安装了垃圾短信过滤软件，这种方式的信息推送也就失去了市场。其主要原因就是这种信息推送的方式消费者过于被动，即使自己需要你推送的东西，消费者也会因为反感情绪而放弃购买及阅读。二维码营销则不同，消费者感兴趣就可以扫描，如果不感兴趣就不用扫描，但是消费者一旦扫描，就能够与经营者建立良好的互动关系。

营销最重要因素之一就是找到消费者，既然智能手机如此普遍，人们对手机的依赖性又是如此强烈，那么，通过手机就能够找到消费者，如果我们能够运用微信的二维码与用户建立联系，那么就多了一种营销渠道。

为了便于微信二维码营销，我曾经对500位使用智能手机的用户做过这样一个调查，在500位调查者当中，有95%的用户知道二维码，其中男性的认知度要高于女性，其中80%的人使用过二维码。他们获得二维码的渠道依次是：微信内容转载、网站、报纸杂志、其他方式。在这些用户中，他们扫描二维码的原因依次是：对内容感兴趣、为了参与活动、为了获得奖品、其他。

从这个调查中我们可以看出，运用微信二维码作为营销工具是非常有必要的。而且目标用户最好锁定为22～45岁这一年龄段人群。营销过程中，最好能够运用一些诱导因素，比如扫描二维码送礼品、抽奖活动，等等。从而让用户产生进一步了解的冲动及欲望。

53. 微信二维码营销实际操作

微商心语

扫出惊喜，扫出人气，扫出客户。

从目前微信的运营状态来看，二维码营销的地位在微信中已经至关重要。比如我们经常会看到一些广告词：“扫一扫，惊喜不断哦！”“要想了解详情，请拿出手机扫一扫”等，显然，从这些现象中可以看出微信与二维码结合在一起营销，已经成为诸多微商营销的主要工具。而要用好二维码营销，首先我们要明白用户是出于什么心理扫描二维码的，这样我们才能制订有效的二维码营销方案。

驱动用户扫描二维码的动力

一是好奇心驱动力。

美国CBM对扫描二维码的用户进行了一次心理调查，发现有46%的用户扫描二维码的动机是出于好奇。在中国，有相当一部分人也是出于好奇的心理才去主动扫描二维码的。这就要求我们在利用二维码营销的过程中，内容要做得具有诱惑性。

二是资讯驱动力。

相信有很多人扫描二维码就是为了获取资讯，是为了学习更多的知识。此外，还与个人的爱好有很大的关系。比如喜欢军事的人，会扫描提供军事信息的微信二维码，对此，微商喜欢体育的人会扫描发布体育信息的微信二维码，结合自己的行业，将产品融入某些资讯当中，往往会获得较好的效果。

三是优惠驱动力。

纵观所有的营销活动，无不与优惠有很大的关系，比如商家的打折促销、抽奖活动、买一赠一，等等。在这基础上，很多二维码微信营销者也采用了此类方法，比如扫描二维码进店有优惠、扫描二维码商品有打折，等等。而且我们看到，采用这种营销方式能够获得很好的效果。所以说，获得优惠也是驱动用户扫描二维码的动力之一。

微信二维码营销实操重点

在运用微信二维码营销时，为了达到最好的效果，以下几点我们需要注意。

一是创造用户体验。

客户没有产品体验，购买欲望自然会下降。而我们运用微信二维码可以给客户创造产品体验的机会。比如全球的超市巨头乐购，他们通过在地铁、写字楼设置虚拟的商店，将商品用图片的形式进行展示，然后引导智能手机的使用者们扫描商品的二维码。通过扫描，将想购买的商品放进自己的虚拟购物车里，然后在坐车上班、午饭的时候进行虚拟的体验。最后用户只要确定购买，工作人员就会将此商品送到客户家里。这样便节省了客户购物的时间。

二是加强用户体验。

通过对产品二维码扫描，可以获得更多关于产品的信息，比如你卖面膜，对方扫描你的微信二维码，然后通过关键词自动回复引导，便可以让客户了解更多的信息。个人品牌和产品得到了有效的推广。

三是为客户提供及时准确的信息。

在如今网络发达，信息遍布的今天，哪些信息是真实的，哪些是不真实的，很多时候很多人都难以分清。而如果我们利用微信二维码，就可以解决客户的这些问题。比如让用户扫描微信二维码，时时了解产品的价格动向及优惠活动等，只要用户扫描微信经营者的二维码，经营者就可以及时准确地将某些信息推送给用户。

54. 微信营销三阶段

微商心语

微信营销不可能一蹴而就，唯有环环相扣、层层递进，才能达到最好的效果。

要将微信营销做出效果，方法策略并不是最主要的，主要的是要有一个“阶梯式”的推广发展规划，在不同的阶段运用适合的策略方法，这样才能达到最好的效果。

微信营销运营初期

微信运营初期如同一个小孩子的成长期，要将小孩教育好，重点不是有多少人关注喜欢他，而是小孩子每天在做什么、学什么等。同样，微信初期运营的重点不是提升订阅用户量，而是提升微信本身内容的质量。

比如在我的微信号“lrj320”中，刚开始我并没有多少粉丝，大多都是手机联系人的朋友，大约三百多个吧，而现在我的微信号粉丝已经达到了上限，隔一段时间要删除一部分人才能添加新的朋友。从我运营这个微信的经验来看，前期微信内容质量非常重要，有高质量的内容，才能吸引更多的订阅用户，否则，即使采取其他方法获得用户，最后也有可能会走掉。

为此，微信运营的前期工作应以创建内容为重，比如我们每天可以坚持做三篇左右的精品文章，融合少许你的产品广告，然后用个人微信分享出去，或者用你的微博、QQ 群等进行推广，让更多的人看到你的精彩内容。这样坚持做两个月，订阅用户的数量不但会快速增加，而且这些用户具有非常强的稳定性。

微信营销运营中期

在微信营销运营前期，把微信内容质量做上去之后，接下来的重点就是提升订阅用户数量。具体有以下一些方法。

△ 定期举办线上线下活动

诸如一些互动游戏和沙龙聚会等，通过这些活动能够实实在在地提升一些高质量的用户。比如有些微商经常在群里做一些互动问答小游戏，活动规则和问题都很简单，只要是对这一行有所了解的人基本上都能够回答出来。然后让现有的用户进行转发和回答，只有转发达到 5 次，且问题回答正确的前 5 位才可以获得我的一份礼品。这样通过低成本的付出，就能获得高质量的用户量。在线下，可以定期举办一些沙龙聚会，比如在一些广场及人流量多的地方进行互动，利用二维码的功能，以此来吸引更多的订阅用户。

△ 结合 QQ 提升订阅用户

可以自己建立一个相关的 QQ 群，然后邀请更多感兴趣的人加入群里面，通过在群里面的互动交流，将微信推广，让群成员加入。当然也可以加入他人建立的相关 QQ 群，在与群友聊天探讨的过程中，适时推出自己的微信，达到吸粉及营销的目的。利用此方式提升用户数量时我们需要注意的是：建立的 QQ 群和加入他人的 QQ 群，一定要与自己营销的主体相关。

△ 在各大网站平台推广

在相关网络平台发布相关文章进行推广，当然，文章内容必须融入自己的微信号、微信二维码或产品等信息。

微信运营后期

经过前期的两个阶段，微信内容质量不断地提升，订阅用户也增长到了一定的数量之后，这时我们需要做的就是将微信中的大量用户转化成忠诚用户。可采用以下一些方法。

△ 多渠道同时推送信息

除了通过微信推送信息外，同时在其他平台如QQ、网站、微博等发布信息，这样一方面可以让更多的用户看到你的信息，另一方面可以让同一个用户通过多渠道看到同一条信息，能够有效提升客户的黏性。

△ 多渠道频繁互动

互动是将普通用户转化为忠诚用户的主要方法之一。平常我们除了在微信上与用户进行互动外，还可以使用我们在上一阶段提升用户数量时用过的QQ渠道互动交流，从而起到营销推广的作用。

55. “摇一摇”与“漂流瓶”

微商心语

微信“摇一摇”，摇出你的客户；微信“漂流瓶”，漂出你的销路。

微信中的“摇一摇”与“漂流瓶”相信我们再熟悉不过了，在日常生活中，我们经常在无聊的时候，打开微信“摇一摇”功能，此时，屏幕上会马上出现一个陌生的好友，也许就在附近，也许距离千百公里。很多人觉得这种功能很有意思，随后便可以开始与其聊天。

大多时候大多人使用“摇一摇”功能，目的是寻找一些朋友聊天，排解心中的寂寞及无聊，寻开心。但对于做微商的朋友来说，目的绝不能仅仅如此，而是要把其当作一种营销工具来使用。同样，“漂流瓶”功能也是如此，除了可以用来休闲外，也能够将其作为营销工具。

微信“摇一摇”营销

试想一下，当你“摇一摇”的时候，摇到了一位异性朋友，而且头像很具“诱惑力”，这时你会怎么想？怎么做？

你一定有一种想和对方聊天的冲动，想认识对方的欲望。其实这个时候对于对方来说，已经达到了营销的目的，他已经让你留下了深刻的印象，只需等待你与其联系沟通。

原理很简单，而最主要的问题是如何在“摇一摇”之后，让对方对你感兴趣，有和你沟通的欲望，并能够给对方留下深刻的印象呢？有这样几种方法：

第一，换头像。这里又分为两类，一类是吸粉头像，就是将头像换成异性，如你的产品主要针对的是女性，那么就换一个帅气的男士头像，反之亦然。另一类是推广头像，就是把你的头像换成你的产品照片，让对方一看就知道你是做什么的，以此给对方留下印象。

第二，换昵称。这里的昵称可以分为"文艺型"和"产品关联型"。"文艺型"能够很容易引起他人好感，继而激发沟通交流。"产品关联型"的昵称和头像跟产品照片一样，一方面，对于无需求的人，可快速让对方明白你是做什么的，经营的是什么品牌，提升产品及个人品牌的曝光率；另一方面，对于有需求的人，更容易挖掘其需求。

设置好以上两点之后，我们只需要拿着手机开始"摇一摇"即可，守株待兔，坐收渔翁之利。

微信"漂流瓶"营销

招商银行曾经做过这样一个微信漂流瓶活动，所有的微信用户使用漂流瓶功能，捡到招商银行的漂流瓶之后，只要尽心回复，招商银行就会通过"小积分，微慈善"平台向自闭症儿童提供帮助。据调查，在活动期间，每捡10次漂流瓶，就有一次会捡到招商银行的漂流瓶，使得用户的参与度非常高。

那么，我们是否也可以用此模式进行微商营销呢？分析这种营销模式，成本很低，效果突出，完全可以运用。首先，在朋友圈及各大自媒体平台散发你做该活动的信息，比如从某月某日到某月某日，进行一次漂流瓶红包活动，凡捡到"某某品牌"字样的漂流瓶，都可以获得随机红包一个。随后，你只需要编辑相关漂流瓶发布即可。

对于众多微信网友来说，在无聊时捡捡漂流瓶还能得到红包，大多数人都会去试一试。这样既能够起到营销的作用，同时还可以吸引一定的粉丝。当然，具体活动方式要根据自己的产品而定。

56. 微信公众号营销要点

微商心语

任何事情，只要抓住要点，便成功了一半。微信公众号营销亦是如此，把握要点，才是根本。

很多做微商的朋友，都在经营自己的微信公众号，各种设置、各种策略、各种方式等，五花八门，各种招式。纵观微商类的微信公众号，有些做得很好，阅读量 10 万＋，转发量上 1 万；而有些微信公众号却一直默默无闻，尽管经营者在费时费力地经营，但效果却一直欠佳。究其原因，主要是没有抓住营销要点。

抓不住要点，即使很努力，效果也会大打折扣。如同学习，方法掌握不好，只是闷头去学，成绩便很难提上去。下面，我们来分享一下微信公众号营销的要点问题。

方向定位

在运营微信公众号之前，你应该问自己一个问题：我的定位是什么？而且你要完全明白这个问题。当然，定位要结合自己的产品及经营风格，比如客户群体定位、内容风格定位、产品价格定位、内容形式定位，等等。这些都影响着用户对你的微信号的热衷度。

有这样几个卖水果的微商，他们微信公众号的名字分别是：卡卡水果、水果速递、水果小姐、送水果。你觉得哪一个名字好呢?

当然是“水果小姐”，如同“豆腐西施”一样，他将水果定位成了一个有血有肉的人，对于用户来说，他们更愿意与“人”沟通。

明白客户需求

在西北某城市小区的门口有一家快餐店，生意不怎么好。后来，有人在附近开了一家面馆，生意甚是火爆。为什么?

很多人都想不明白这个问题，其实原因很简单，开面馆的这家老板明白客户的需求，他知道西北人喜欢面，而不是米饭，所以，尽管门口已经有一家饭店，他的面馆生意依然会很好。做公众微信营销也是如此，你得先明白你针对的客户群他们的真实需求是什么，然后对症下药，把客户需求的东西放在微信公众号中，继而进行推广，这样才能起到良好的营销作用。

营销内容

据我观察，很多微信公众号经营者都觉得自己是CCTV，把自己当作权威，无处不在地插播广告，硬性推广，从来没有想过推送的内容用户喜欢不喜欢看，粉丝有没有将其屏蔽。结果便成了一个人的独角戏，失去了观众，同时也失去了营销的意义。

内容是微信公众号营销的主题，内容做不好，一切都是白搭。所以，在内容搭配上，根据自己的定位，推送一些对用户有价值的东西，将你的产品及个人信息巧妙地融入其中，切记不能太“硬”。

营销技巧

不管是何种营销，都需要把握一定的技巧。在微信公众号这个平台上，话题营销与事件营销经常被人们使用。

营销的本质就是制造差异性，让你与他人与众不同，这样才能脱颖而出。而话题营销便是一种不错的方法。比如制作一个有意思的二维码、探讨一个前无古人后无来者的话题等，都可能会成为营销的亮点。

说人上树不是新闻，猪上树才会成为新闻。事件营销讲的就是这个道理，这种营销方式很多媒体都在做，效果也是经过验证的。当然，这种营销方式也适用在微商中，如某些八卦新闻、某些最新的时事新闻等，将其在第一时间通过微信公众号传播，可以获得大量转发量。

57. 微信朋友圈营销战术

微商心语

把朋友“圈”在一起，并不是说你就可以随意“宰割”，因为他们也有选择离开的权利。

每个人的微信朋友圈里，大多都是自己认识的好友，有少部分是通过其他渠道获得的，对于从事微商的来说，可能大多都是通过吸粉方式加入的没有见过面的陌生客户。经常听到有些微商朋友失落地对我说：“他被朋友了！”

在微商营销中，被好友拉黑是正常现象，而如果你被大多数好友拉黑或者经常被拉黑，就是不正常现象。解决之道便是朋友圈营销技巧运用问题。

个人定位

作为微商，在微信朋友圈营销，首先你要对自己有一个准确的定位，这一点我在本书中已经讲过很多次。需要注意的是，个人定位要结合自己的优势、爱好、个性等因素，这样才能最大限度地获得他人的认同，更容易树立自己的品牌。

内容坚持原创

微信营销的主要载体是内容，有很多微商经常在朋友圈中发一些已经嚼之无味的东西，而且很多都是从网络中复制粘贴过来的，这样做的确会容易一些，但在朋友圈中几乎没有任何效果。而一些认真原创性的编写营销文案，经常会被人们所关注，总能给人一种新鲜感。此外，朋友圈中大多都是自己的好友，所以，坚持原创内容一方面可以提高自己的“身段”，另一方面具有良好的营销效果。

适时互动

没有互动就没有成交，没有互动的微商不能称之为微商，没有互动的朋友圈都是耍流氓。纵观你的朋友圈，那些人气特别高，经常被好友点赞的好友，有相当一部分是因为他们懂得互动。在互动的情况下，别人就会为你点赞，评论的人会多，那么，微商营销自然会更加容易一些。关于互动的方式与方法有很多，比如提问式互动、有奖互动、娱乐性互动、自黑互动、好奇心互动等，具体可根据个人情况而定，这里不再赘述。

太极玩法

一个优秀的微商朋友圈，一定是懂得借力的微商，我将这个方法称为“太极玩法”，也就是说借他人之力来提升自己的朋友圈。

比如有些微商与某些大咖关系很好，那么他就会经常在朋友圈晒一些与大咖有关的生活照，或者借助大咖朋友圈提升自己的粉丝量等。这样既可以提升自己朋友圈的档次，同时更能够赢得粉丝的关注。

原先我也用过这样一种方法，我在2014年出版了一本《自媒体营销实战全攻略》，随后吸引了大量的粉丝与我在微信及其他自媒体上互动，为了感谢粉丝的支持，我将一些粉丝在微信中的问答截图发到了朋友圈，谁知又赢得了一大批的粉丝好评，朋友圈的档次顿时又高了一截。

巧提醒

不知道朋友们有没有注意到，微信朋友圈中有一个提醒功能，就是当你发朋友圈的时候，你可以提醒你的朋友去看，如同“@”功能。这一点对于微商来说非常有用，比如你发布了某条营销信息，你可以有针对性地提醒你的老客户及潜在客户去关注，这样营销的效果会更明显。

在微信朋友圈营销有很多技巧与策略要把握，除了以上我提到的几点，还可将个人的一些技巧与其融合，以达到最好的效果。

58. 微信营销的图片选择

微商心语

一个好的文案营销，能够吸引上千万名粉丝的阅读与转发，而如果再配以合适的图片，必能起到事半功倍的效果。

不管你是不是微商，打开你的朋友圈，你会看到每一个朋友发布的内容几乎都带有那么几张图片，不管这些图片与主题有没有关系，映入第一眼帘的总是它们。还有一些朋友，他们发布的朋友圈没有文字，只有图片。但是总能够给我们留下深刻的印象，这样看来，似乎在朋友圈发布信息是以图片为主，文案内容为辅。

不管是文案还是图片，能够给他人留下深刻印象，就是好的印象方案。显然，从人们的接受程度来看，图片的效果要远远高于单纯的文字效果，而如果能够将图片与文字完美地结合，则会取得更好的效果。所以，在微信朋友圈中选择适合的图片，对于微信营销来说已至关重要。

图片内容

首先，图片所展示的内容要与文案所展示的内容统一照应，比如你的文案营销主题是关于洗发水的，你就不能放一张计算机的图片，这是最起码的常识，这里不再多说。文案内容说到的某些问题难以想象，这里就可以用相关的图片来说明。比如一个人脸上的痘痘，可以用你的产品祛除。而痘痘到底长啥样，通常不好描述，而配以相关的图片，便能够给读者直观的展示。

其次，图片的版权问题。当下很多人都没有版权意识，随意拿别人的图片在朋友圈中晒，很多人可能都没意识到，这是一种侵权行为，原图作者完全可以追究你的个人责任。当然，有些人觉得无所谓，大不了我删掉就行了。但是，这样会严重影响个人信誉。所以，在配图片的时候最好是自己拥有版权的图片，比如自己拍的照片，征得他人同意可以使用的照片，也可以是自己制作的图片。

图片数量与位置

微信营销中，图片的数量与位置有很多讲究。放得好，能够锦上添花；放得不好，则变成了画蛇添足。

首先，图片位置要根据文案内容顺序而定，比如文案开头是产品介绍的内容，之后介绍的治疗修复的内容，那么图片的位置排序也要根据该顺序排列。

其次，图片的数量。很多朋友对这一点并不重视，有些人是随意放，有些人觉得放得越多越好。仔细观察朋友圈的图片展示状况，你会发现，并不是这样。当你放一张图片的时候，图片显示较大，而且单一，效果还不错；当你放两张图片的时候，你会发现右边会空一个位置；当你放三张图片的时候，没有空位；当你放四张或五张图片的时候，有空位；放六张图片时，没有空位；放七张或八张的时候，有空位；放九张的时候，无空位。

当图片位置有空位的时候，显然会影响视觉效果。所以，朋友圈插入图片的数量最好是 1、3、6、9 张。这样会显得更加饱满，视觉效果会更好。

59. 朋友圈信息发布的黄金时间

微商心语

最佳的时间发布合适的内容，才能起到最大的营销效果。

做微商的朋友大多都有这样的经历，做了一段时间后，发现自己被别人拉黑了，或者没什么效果，这是什么原因呢?

原因有很多，但其中一个最大的因素便是发布信息的时间，要么发布的信息客户看不到，要么发布时间周期太频繁，前者造成的结果是没效果，后者造成的结果是被拉黑。

微信的推送时间要根据用户的生活习惯而定，当然，每个人的生活习惯都不尽相同，为此，我们只需要根据大多数人的生活习惯制定推送时间。通常有 4 个时间段一定要把握：早上起床的时候，中午吃饭的时候，晚上吃饭的时候，以及晚上睡觉的时候。

回想一下你自己和调查一下你身边的朋友，早上睁开眼的第一件事是做什么？相信很多人都是从床头摸过手机看新闻。那么，我们就要把握好这个时间，将微信内容推送出去，通常在这个时候，客户会完整地看完你发送的信息。根据经验，早上发送的时间最好是：6:00-7:30。过了这个时间也就错过了早上最好的推送时间。

中午坐在饭店等饭的时候是最无聊的时候，如果你中午经常去饭店吃饭的话，你会发现很多人都在等饭的空当玩手机，即使在公司吃快餐，吃饭或午休的时候很多人也会拿出手机翻看。因此，这个时候推送微信内容也能够提升打开率。中午最好的时间是：11:50-13:00。之所以会选择在 11:50 这个不前不后的时间，是因为很多上班族在这个时候都会情不自禁地拿出手机翻看，一方面可能是看时间，另一方面可能是在为吃饭做准备。

晚上吃饭的时间是一天微信推送时间段中最次的选择，通常下午下班之后，要么回家和家人一起吃饭，要么约三五好友去饭店吃饭喝酒聊天，所以这个时候大多数人处在一个“有事做”的阶段，很少会拿出手机翻看。当然，也有一部分人晚上一个人吃饭或者加班后到了晚饭点才回家的。这时要么他们一个人坐在公交车上无聊地翻手机，要么一个人边吃饭边玩手机。对于微信营销来说，虽然时间段不是很好，但也是有一定的作用的。晚上饭点最好的推送时间段是：18:30-20:30。

前几天看了一个关于智能手机的新闻，大意是随着智能手机的普及，很多人晚上睡觉前总要打开手机翻一番，否则睡不着觉，而且已经成为很多人非常重要的习惯。的确，就我身边的人来说，很多人都有晚上睡觉前看手机的习惯。那么，对于我们微信营销来说，这无疑是最好的一个时间段，这个时候推送内容，打开率通常会很高。晚上睡觉前微信推送最好的时间段为：21:00-23:30。

第七章

文案营销：用文字创造奇迹

60. 微商营销，内容为王

微商心语

微商营销，内容很重要，抓住内容，也就抓住了用户的心。

众所周知，玩微信的人都秉持这样一种理念："内容为王，用户为辅。"意思是说内容要比用户重要，只要内容足够吸引人，能吊起别人的阅读兴趣和胃口，覆盖率及传播率就会大增。所以，很多玩微信的人都以自己的文章能引人阅读而自豪。

在微商运营中，我们务必要把握"内容为王"这个准则，只有内容出彩，才有可能引起更多人阅读、点赞、转发。有的人肯定心里犯难：我语文不好、不会写作文，怎么才能写出好的微商推广的文章呢？其实很简单，只要把握好以下四个原则，就可以写出精彩的微商营销文章。

要通俗易懂

可能有人会想，是不是在内容上一味地追求文章的奇、怪、新，避免和别人不一样就算出彩的文章呢？这是一个很大的误区。我有一个朋友是做微商的，不久前他向我吐苦水：我每天很用心地写微商推广文章，为什么连人点赞都没有，更别提被转发实现营销了。我翻看了他的部分文章，发现就是太晦涩难懂，太想卖弄和表现自己的文笔，结果遭冷遇。

这就告诉我们，在写微商推广文章时，除非特殊原因外，最好尽量避免在正文中出现晦涩难懂、生僻字眼，以及枯燥的大段理论和反复说教，因为这样会分散用户注意力。除此之外，还应尽量避免高调炫耀、自夸自吹，这会导致用户觉得你高不可攀，望而却步。最为关键的，也是我在之前课程中反复强调的，千万不要为了炫耀，搞非主流、玩文学范儿。仔细想想，我们的很多受众可能连高中都没有毕业，对他们来说，简单直接可能会更有效果。

要选好切入点

切入点的好坏，往往直接决定了整个微商推广文章的转发率和传播率。在我的微信中经常看到这一类微商，满屏都是自己的产品介绍，如何的好，如何的物美价廉，如何的具有特点，如何的不买就亏了等，除此之外，没有任何东西。这就是典型的切入点没选好，达不到宣传效果。

比如一篇推销旅游的微信文章，它的开头讲了发生在身边的一些积极向上的社会现象，然后再说个人的心情感悟，最后再引出“人生需要一场说走就走的旅行”这个旅游主题。相信大多数微信用户看这样的微信内容外加一些风景照的时候，一定不会感到有些赤裸裸的广告带给人的厌恶感。这就是好的微信营销文章“润物细无声”的效果。

要图文并茂

从本质上讲，微信是一种社交工具和平台，作为微商，我们要迎合用户的交流需求，就必须要图文并茂，因为图片相比于文字更易于传播和记忆。业内对于配图和文字到底谁更重要的问题一直争论不休，但我始终认为，一篇上等的微信推广文章，一定是文字和图片完美结合、相辅相成的。

比如，我们在写微信推广文章时，通过枯燥的表述和单纯的数字，已经可以让受众产生记忆，但若再适时配上一张图片，更能给用户带来真实、直观的体验。不可否认，只有图文并茂，才能把微商推广内容做得更有意思、更新颖，好的配图也必然会引发用户的好奇，迅速抓住用户的眼球，引领他们读下去。

要猪肚豹尾

“凤头猪肚豹尾”是高分中学作文的不二法门，这点在微信文章中同样适用。所谓“猪肚”，就是要求我们的微信文章不能假、大、空，要有“干货”，这就是要将需要宣传的商品糅合进去，这也是我们进行宣传的初衷。所谓“豹尾”，就是结尾要有力，发人省醒、引人思考、留有余味，在结尾点题，再次强调你的目的。这种内容有干货、结尾有力的微信文章必定更能吸引人。

61. 文案标题拟定要素

微商心语

文案标题，微商营销的“点睛之笔”，成功吸引用户的关键。

标题是软文之魂。古人云：题好一半文，说的就是标题对于整个文章的重要性，好的标题是文章成功的一半。因此，拟定标题是文案写作的主要程序之一，甚至可以毫不夸张地说是一门“画龙点睛”的艺术。最近，我和许多微商成功者进行交流学习时发现，他们普遍认同这样一种观点：在微信推广文章中，如果标题第一时间抓不住用户的眼球，吸引不了用户，那么这篇文章很大可能要失败。

为什么？因为在网络时代，大量无用信息的狂轰乱炸已导致互联网用户阅读碎片化，那么标题的作用就凸显出来，这对文案写作尤其如此，正所谓“成也标题，败也标题”。当然，我们不能完全做“标题党”，更要通过实质性的提炼、艺术加工而让标题真正达到“立片言而居要”的完美效果。那么，拟好文案标题要把握哪些要素呢？

针对性强

△ 找用户最关心的

我们写微信推广文章的最终目的是让用户来阅读，这就需要把用户最关心的、最想知道的内容高度概括出来，拟作标题，这才可能击中用户的心。直观点讲，网络信息社会里各种资讯纷至沓来，用户眼花缭乱，用户凭借直观的感觉，将自己内心需要的信息与眼前的标题对接，以标题寻找对自己有用的文章。

△ 贴近生活

事实上，微信推广文章的标题越贴近用户生活，这篇文章越容易被点开、转发，所以一个好的标题要十分契合用户生活中的高频场景。比如我曾经见过一篇很好的软文标题——“开微店时，如何经营自己的人格魅力”，它就较为准确地切入了时下很流行的微店行业，侧重展示了人格魅力对于微店的重要性，紧贴实际，被人频繁转发。但如果把标题改为“如何让人爱上你的微店”之类，反而让人产生歧义和厌恶感。

吸引力强

△ 切忌太长

著名心理学家马斯洛曾做过一个有趣的实验，人们面对大段高度概括的文字时，思维会出现微妙的分散。这启示微妙，软文标题如果字数太多或者表述过于详细，反而让人产生视觉疲倦，很难被用户记住。用文章的亮点来吸引用户没错，但一味地把文中所有能产生吸引力的东西都堆砌起来，就会适得其反，用户的点击欲望反而没那么强了。

△ 结合热点

首先要明确的是，我们的微信推广文章都是通过网络进行传播、营销，这就要求我们必须紧跟网络潮流和最新热点。如最近反应很火的“下雨天巧克力和音乐更配哦”“快到碗里来”“双创”等词句，这些流行语的套用，自然可以引来用户的围观。比如“你知道吗？今年夏天裙子和球鞋更配哦”的标题，远比“本店大量出售夏裙和球鞋”的标题更能吸引人。

△ 巧借名人效应

我曾在课程中多次指出，名人对于营销而言，有着以点带面，营造声势，带动宣传的功能，名人效应是一种隐形的财富，聪明的人会对其加以引导和利用。所以，在软文标题中，我们要巧借“名人效应”，于敬仰崇拜中传播营销自己的商品。比如这样一个标题：“打造你的丝滑嫩肤秒杀男神‘都教授’”，不用说大家都知道这是巧妙化用了“来自星星的你”，这样的标题生动、形象，直击人心，显然比“××牌护肤品让你肌肤丝滑”高出几个档次。

62. 文案素材哪里找

微商心语

文案素材来源于生活，要做生活中的有心人。

俗话说，“世事洞明皆学问，人情练达即文章”，写文案其实就是写生活，那么问题来了：文案素材从哪里找呢？如何去收集积累有价值的文案素材已成为一个难题，也是大家迫不及待想要努力突破的难关。其实，我在很多课程中跟学员们强调过——文案素材来源于生活，不是没有文案素材，而是你缺少一双发现素材的眼睛。可以这么说，一个专业的文案写手，一定有一颗善于发现生活的心。

当然，我并不是让大家直接将生活中的琐碎之事当成文案素材，而是要通过多方面的观察积累，学会从不同的角度看问题，然后进行艺术的加工。

从日常工作、学习中找素材

每天都是一个崭新的开始，我们每天都有着独一无二的经历体验，每天也都会有不同的事情发生，我们需要做的是将自己的所做、所看、所思用心记录下来。另外，还要多看多积累，去看别人的文章，思考文章的内容，久而久之把别人的东西变成自己的。每一个优秀的写手，很少写高大上、假大空的东西，他们往往用以小见大的写作手法，将生活中一件看似芝麻大点的小事，写得像抽丝剥茧一样细致，这正是吸取了生活中的智慧的结果。

从搜索引擎中找素材

这是我们目前利用最多、最常使用的方法。搜索引擎中有浩如烟海的素材，我们要善于分析甄别，练就一双"慧眼"，将其中有价值的素材找出来为自己所用。这些素材往往反映了行业原生态和最新动向，极易引起用户的关注与共鸣。找出这些素材只是第一步，我们是不能将这些素材机械地照搬照抄的，而是要进行分析、思考、总结，最重要的是将自己的观点和精神体验表达出来，形成自己独特的观点。比如papi酱的出现，你可以根据这个现象发表一下关于营销的独到的见解，这样必然会引起搜索引擎和用户的关注。

在与用户交流中积累素材

在外人看来，寻找素材是苦闷的、单调的、枯燥的。其实不然，我们完全可以借助微信、QQ、微博、视频等媒体，通过线上线下的各种互动交流来积累素材。相信每一个文案写手都遇到过这样一种情况：有时自己的思维有限，而当许多人交流互动时，甚至是在谈天说地间，很多新鲜、富有见地的观点碰撞出来。很多时候，素材的积累都是集体智慧的结晶。

从自己订阅的优质公众号中找素材

一个公众号之所以优质，是因为它的许多文章观点新颖独到、思想深刻透彻，素材新鲜有趣，读罢给人以思考。因此，我们一定要学会利用自己订阅的优质公众号，定期浏览公众号中推送的文章，对于那些经典文案则要精读，从公众号文章中发现和积累好的素材。

63. 营销文案的结构设置

微商心语

营销文案，是微商营销所有创意结果的书面表达，是具体实施营销活动的行动指南。

最近，很多学员向我吐苦水，他们抱怨营销文案太难写，构思创作出一篇精彩的营销文案简直比提高销售量都难，但营销文案写不好，后期又反过来影响销售量。这或许是所有微商都要面对的难题：怎样才能轻松地写好营销文案?

在解决这个问题之前，先弄清楚营销文案的概念内涵。顾名思义，营销文案就是我们在产品进入销售之前，为使销售达到理想预期目标而所做的销售书面方案，微商营销所有创意结果的书面表达，是具体实施营销活动的行动指南。总体来说，营销文案的结构主要包括标题、概要、目录、正文、结束语、附录等六个方面。

标题

标题直观地表明营销文案的主旨。关于标题的重要性和拟定标题的技巧，上文第 61 节中已经做出详细介绍，本节不再阐述。

概要

概要是整个营销文案主要内容的总结性叙述，是营销方案的精髓。这就好比我们写作文有个中心思想一样，概要就是营销文案的中心思想，起到提纲挈领的作用。一般来说，微商营销文案的概要部分要包括这些内容：此次营销的背景、目的和预期效果，预设的活动过程和发展趋势等。

目录

相信这一部分大家都不陌生，因为我们在看书、阅读中都要看目录。同样，在营销文案中目录页必不可少，它一方面使阅读者一眼直观地了解营销文案，另一方面也方便查找文案的某一具体内容。这里需要强调的是，由于文案在起草过程中要反复修改，所以特别注意目录所标页码务必与内容中的实际页码一致。

正文

这是整个营销文案的核心部分，包括市场大环境分析、营销目标、营销战略、预算、后期营销控制等重要内容，这部分决定了整个营销文案的成败。正文部分必须表述详细准确，对某一方面的阐述要数据翔实、观点明确、分析深入具体。特别是营销战略、预算等部分，必须是在深入分析、参考对比同类数据基础上得出的结果。越是正文客观准确、分析深入、措施合理的营销文案，越是对微商营销具有很强的指导价值。

结束语

结束语是对整个文案内容主旨的归纳和总结提炼。这部分要进一步突出文案写作人的意见，再次强调文案的主要观点和营销措施，并注意与前言首尾呼应。

附录

就像许多文件有附件一样，营销文案附录也可以看作它的附件，其目的是对整个文案起补充说明作用。附录部分，通常由数据资料、图文表格、问卷样本及其他背景材料组成，是对文案中所采用的调查分析、系统研究及统筹安排做一些必要的说明与补充，并为文案提供客观性、系统性、科学性的证明，好让营销文案看起来更像是一种极具价值的可行性报告。

64. 内容原创是主流

微商心语

文案内容要有自己的原创特色，不能复制粘贴、人云亦云。

在前几节，我们谈到了文案营销的标题、素材、结构设置等基本问题，在掌握这些基本技巧后，文案的内容创作就成为必须要掌握的重点了。在我的公众微信号“企业管理营销研究室”中，很多同行都问我如何才能保持文案营销内容的原创性，我告诉了他们一些技巧，可是最终的效果依然不是很好。后来，我与一些微商营销成功者进行交流互动，结合自己的理论经验，发现很多微信运营者之所以不能很好地保持文案内容原创，主要还是因为没有从自我的角度出发，总是为写而写，没有真正理解微信文案营销的内涵本质。

为此，要写出高质量的原创文案，方法技巧是其次，关键还是要坚持自我，以个人自媒体的视觉来展开写作，才能取得好的效果。

练内力：传递个人熟悉领域的体验和方法

实现内容原创，苦练内功是关键，说到底还是要从提高自身做起。大家知道，写文案时我们通常都是选择自己最感兴趣最熟悉的领域，因为这样我们才能有话可说、有观点可表达。

我们都听过卖油翁的典故，当世人惊叹卖油翁高超的酌油技巧时，老翁却说道："无他，唯熟尔。"这就告诉我们，每个人在自己熟悉的领域都是专家。比如，我以前的一个学员，他是学土木工程的，他经常会结合自己的专业，把一些建筑设计、工程装饰、路桥构造方面的小知识，加上自己的思考和体验，用通俗活泼的语言分享在朋友圈中，时间一长，得到用户纷纷点赞、转发。

所以说，还是要苦练内功，要结合自己的专业特长、兴趣爱好，传递、分享自己独特的经验，这是保持原创的不二法门。

借外力：从其他优质文章里汲取营养与灵感

在这里，先给大家普及一个常识，据统计，属于唐朝的诗歌共有48900百余首，很多著名的诗句都是作者之间相互化用的结果。像李白的"总为浮云能蔽日，长安不见使人愁"就是直接化用崔颢的"日暮乡关何处是，烟波江上使人愁"，大家都觉得是经典，从来也没人认为李白是抄袭的。像这样的例子，在唐诗宋词中多如牛毛。

这也启示我们，要善于汲取好文章中的营养与灵感。在很多优质的公众号中，每天都会为我们推送很多业内人士、专家学者、网络大咖的文章，传达着某一领域一些新颖的观点、独到的见解。我们在阅读时，常持不同的观点，或者有另外的补充，或者感觉意犹未尽，那么都可以借此发挥成一篇文章。

聚合力：个人和社会对热点问题的看法

在这样一个思想交锋交融、观点多元化的网络时代，在我们关注的、熟悉的领域，每天都会发生一些新闻热点。对于一个热点、一种现象，不同的人都会有不同的看法，"一千个人眼中有一千个哈姆雷特"，是赞成，是默许，是反对，是声讨，都是一种看法。我们把这些糅合在一起，就是一篇很有思想、有见地的原创文章。如果再融入对该事件、热点现象的深入分析，就是一篇难得的评测分析文章。比如前段时间，我看到有人表达了“农村的孩子就不应该上大学”的观点，我觉得不同意，顺便结合我家乡农村的现状，就针对此事写了一篇文章，结果被很多人转发。

这就是聚合力的强大之处，把自己和社会对热点问题的看法综合起来，取长补短，形成独特的认知，这是再好不过的原创内容了。

65．选题选取五大要点

微商心语

文案选题，要做到把独享资源变成共享资源，实现文案营销效果最大化。

业内有一种观点，认为现在的营销文案的创作有点类似于新闻报道写作，集时效性、深度性、实用性于一体。对此，我认为不全面，在如今文案营销竞争日益惨烈化的当下，用户的眼光越来越挑剔，要求越来越高，导致营销文案创作难度甚至要远高于新闻报道写作。

文案营销，本质上是把微信中的独享资源变成共享资源，这就决定了文案选题必须要遵循五大要点。

灵敏嗅觉 72 小时

著名新闻学家威廉姆斯曾说过，对任何有扩散性的事件要保持 72 小时的嗅觉。文案选题的本质是新，这就要求我们要随时随地都保持嗅觉上的灵敏性。当然，这种灵敏性是需要我们靠眼睛、思维判断力去保持的。毕竟更多有价值的商机都发生在家、公司以外的场所。很有可能在与朋友吃饭、购物时的一个新发现，就能为你带来一个精彩的选题。比如我的一个学员，曾经在与闺蜜逛步行街时，在街角买了一杯奶茶，她发现许多奶茶店总是开在人流多的街角处，于是就做了一个关于奶茶店的文案策划，反响很不错。

请认真对待每个细节

可以毫不夸张地说，搞营销文案选题要有“福尔摩斯”的观察力。在微信的朋友圈或现实生活中，往往暗含有许多小细节，千万不能小看这些细枝末节，它们往往更有可能反映事情的本质。如果认真对待这些细节，并挖掘下去，就能把事件的脉络理出。比如前段时间发生在我身边的一件事，有个卖婴幼儿服饰的微商学员，对客户反映的上衣袖口太紧问题，在营销文案中加入了关于袖口的温馨提示。这个细节的加入，使普通的营销活动多了一丝温情。

保持逆向思维能力

我们或许都有这样一种感受，很多文案选题，乍一看无任何新奇之处，但如果反向一想，却能发现重大选题。比如有一段时间，很多人朋友圈里全是卖面膜的微商，大家蜂拥而上，营销效果并不好。但若能运用逆向思维，想想面膜大热说明女性爱美意识高涨，那么完全可以做一个美容微整的营销文案，比纯粹地卖面膜要更有效。

多加好友拓展信息源

俗话说，多个朋友多条路。微信中的朋友圈是一个取之不尽用之不竭的信息通道，朋友圈中的好友来自社会各行各业，他们掌握着各种社会资源，有的甚至能量、能力惊人。所以在与人联系交往时，通过微信多加好友，并适时为朋友圈点赞、回复、互动，将会给你带来用之不竭的消息源泉。拓展朋友圈，这样就可以让我们时刻保持“春江水暖鸭先知”，将很多信息变成“独家发布”。

保持激情快人一步

一勤天下无难事，保持激情，就是要求我们勤加思考，处处为人先。在发现有价值的营销视角后，我们要有目的、有方向、有重点地行动起来，寻找挖掘各种线索资源。请相信，只要能时刻保持激情，勤奋思考，总会有意想不到的收获。比如有一个学员，他偶然发现中小服饰批发商为了交易方便，喜欢用 POS 机，于是他做了一期针对批发商使用 POS 机的营销文案，最终效果出乎意料地好。

66. 内容来源要丰富

微商心语

在现实生活中，营销文案内容来源的途径多种多样，要尽可能地保证各条渠道都畅通无阻。

微商营销信息的传播是一种存在着多级信息源的传播方式。所有信息都是来自外部世界存在的客观事物和客观现象，微商利用微信平台推送自己的产品及服务，通过一个小工具便将宣传信息推送给用户，既方便又快捷。那么，问题来了，微商营销文案的内容来源于哪里呢？这是一个常说常新的话题，也是让很多学员经常感到困惑的问题，在我的公众微信“企业管理营销研究室”中，曾对这个问题做过详细的解读。今天，从微信传播方式的角度，为大家阐述营销文案内容来源渠道。

来自同行

微信营销改变了传统的用户购物和产品销售模式，也极大改变了人们根深蒂固的营销理念，“同行是冤家”这句话在微商营销中并不适用。因为，在我们所接触到的微信商品营销传播中，绝大多数的产品信息都来源于同行——也就是其他的微商。大部分的微商营销信息比较明显，卖什么宣传什么，但产品鱼龙混杂、良莠不齐，就需要我们依托自己对微商产品的敏感度，通过观察、思考、分析、判断来将这些信息为自己所用。

来自专门机构

这里所说的专门机构，是指相关政府部门、社会团体、企业公司，它们有权发布产品信息、产品政策、销售走向，这些信息是我们进行微商营销的政策指导依据，所以必须成为我们重点参考的对象。比如新政策新闻发布会、产品发布通气会、产品营销展示会等，这些构筑政府机关、社会团体和企业公司等组织机构与微商开展信息沟通的平台，可以揭示某些事实的真相，使微商们能够快速了解到国家的重要决策、公司的重要事务。

来自公众提供

一直以来，我都坚持一种观点：“微商是专业的信息传播者。”他们从各自经营的领域，发布或传播本领域的最新产品动态，但在讯息瞬间万变的网络化时代，微商们不可能事事都先人一步，也不可能最先知道所有产品的最新进展情况。这时，分散在四面八方、各行各业的朋友圈的好友就成了最好的内容来源途径，他们是微商们耳目的延伸，能够帮助其在第一时间获得更有价值的内容。

从微信传播本质来讲，朋友圈所提供的内容多是来源于实际、来源于生活的，是他们在生活中所历所想所感，也最容易引起我们情感或心理上的认同。所以，我们要时刻保持和朋友圈的互动交流，从而使自己能够拥有一个比较完善的群众信息来源网。

来自其他媒介

这里主要是指对报纸、期刊、广播、电视新闻的二次报道或者转载转播。因为在这些媒介中，隐含着许多有价值的营销信息，虽然很多内容已经被报道了，需要我们深入挖掘，变换角度进行传播。除此之外，以转播和转载的方式获得内容来源也是一种不错的方式，但应当注意的是，在转播和转载的过程中，一定要交代清楚内容的来源，这是提高可信度的基本原则，也是提升我们公信力的可靠途径。

67. 内容质量要保证

微商心语

一篇高质量营销文案最重要的一点就是，毫无违和感，并能做到雅俗共赏。

在这里，我需要再次强调营销文案内容质量的重要性，它可以将你的产品通过好的故事传达给用户，通过精致优美、通俗实用的文字进行包装，强化用户对产品的理解。所以，文案是微商营销的助推器，而内容质量又是文案成败的关键。

事实上，在讲这个问题之前，我参阅了大量的行政机关综合文稿，并与许多党委秘书、软文写作高手进行交流，以期得出系统的、科学的、有指导价值的答案。后来，我又反复地将营销文案写作与行政文稿写作进行比较分析，发现原来二者有许多相通之处，其本质都是将目的意图反映成文字，并取得宣传效果的最大化。

了解情况，有的放矢

主要是了解用户需求、喜好。营销文案，是微商向用户传播商品信息、刺激用户购买欲望、以期与用户达成购买意向的过程，也就是与用户沟通的过程。如果不了解用户，怎么谈得上与之交流沟通呢？又怎么能做出符合大众需求的商品信息呢？因此，在内容上要先做一番调查研究工作，弄清用户群体的购买能力、需求大小、市场前景等。只有对用户有了全面了解，才能有的放矢。

观点鲜明，富有新意

做营销文案，最忌讳也是最难避免的就是人云亦云、跟风不止、模仿抄袭。只有那些观点鲜明、中心突出的营销文案，才能让用户对文案的内容和观点留下深刻的印象。如果不表示赞成什么，也不表示反对什么，吞吞吐吐，含糊其词，就会马上被用户过滤掉。总之，文案内容要新鲜，要能在卖产品的同时透出新意来，给人以新启示、新的感悟，才能吸引用户。那种拾人牙慧、抄袭模仿、毫无新意的营销文案，肯定达不到宣传效果。

晓之以理，动之以情

写营销文案要学会说理，要把道理讲明白，达到晓之以理，以理服人的目的。在讲话稿中所讲的道理和说理的方法，要适应听众听讲的需要。总的要求是：内容要紧贴国家的营销法律法规、当前宏观经济形势和微观营销潮流、用户切身利益，让用户容易理解和接受；切忌干巴巴地说教，少讲空洞的大道理。越是面对学历低、中小城镇的用户，越要注意内容的生动、形象和通俗，要多用比喻、对比等方法，要多举他们熟悉、日常看得见摸得着、感受深刻的具体实例来进行宣传。

此外，有些文案还要讲究既从“正面”宣传，又从“反面”驳斥。所谓从“反面”驳斥，就是要针对用户的疑问，特别针对反面观点，采用设问、反驳等方法，将他们的误解和疑惑一一澄清，将明显错误甚至反动的谬论彻底驳倒，以证明自己观点的正确。

雅俗共赏，突出特色

文案语言首先要通俗易懂，不能过于艰深、生僻。比如专业性很强的词汇要慎重使用，也不能使用易生歧义的词语，以免用户看不懂或产生误解。语言上要多用简洁的短句，不写修饰成分过多的长句，以看起来费眼费神。要善于运用比喻、对比、排比、拟人、夸张、衬托等修辞手法，使语言生动形象。

68. 转发内容六大要素

微商心语

全民微信时代，转发微信须擦亮眼睛，提高鉴别力，为自己的微商营销添上“一臂之力”。

古人云，“风起于青萍之末”，说的是风开始时先在青萍草头上轻轻飞旋，最后会成为劲猛彪悍的大风。这句话也形象地概括了微信营销的特点，微信之所以能被快速传播，一个重要原因就是快速地被千万人转载传播。正是由于转发，我们才能及时地浏览到许多新鲜的、更为客观的、更加实用的产品信息。当然，我并不是鼓励大家随心所欲、漫无目的地转发，在转发时要遵守六大要素。

遵守法律及社会公德

全民微信时代，信息迅猛增长，信息质量良莠不齐，有的甚至危言耸听。所以，面对形形色色的海量信息，我们要擦亮眼睛。在转发信息时，不但要遵守国家相关法律法规，切不可碰触法律底线，而且要遵守社会公德，不信谣不传谣不造谣，做一个合格的微信用户。比如我们的朋友圈里经常会出现这样的微信："是中国人就转发！""一定要转给身边的朋友！"……内容无非都是寻找走失亲人、准考证丢失、食品剧毒致死等之类的，这些微信几乎都是清一色的诈骗信息，必须坚决抵制。

拟定醒目标题

客观地看，许多微信还是具有正能量、具有传播价值的，这种微信也是我们转发的重点。对于这类微信，我们基本上第一眼只能看到标题。试想：如果标题不能快速吸引人，那么别人又怎么会点开呢？连被点开的机会都没有，又怎么能实现微信营销呢？这就启示我们，在转发时最好拟定一个好标题，当然标题长度不能超过显示页面的13个字，必须要字字斟酌，千万不要让无关紧要的字词占据了那13个字的宝贵位置！

添加摘要

所谓摘要，就是你图文下面的那一段总结性文字。这段文字通常都是对全文的总结概括，对表达内容的提炼升华，这有助于用户很直观地了解此文内容，而没必要再点击全文费力阅读。但据我了解，这种功能目前许多用户还不能够熟练掌握，当用户在图文编辑模式下，没有选择添加摘要，微信就会默认把你正文的前面几句文字拿出来当摘要显示。作为一个普通的微信用户，我强烈建议微商们花点时间写好微信摘要，否则自动显示的前三行文字根本不能表达整篇文章的意思，也就不能引起用户点击兴趣。

及时转发热点

我始终赞成一句话："生活中缺乏的并不是热点，而是发现热点的眼睛。"热点营销其实就是一种"借势营销"，作为微商，我们必须能够及时转发那些广受关注的社会新闻事件以及人物的明星效应等，结合企业或产品实现最大化传播。比如2014年春晚董卿的一款晚礼服在网络上爆红，一个和我相熟的微商迅速转发此款衣服，并配上自己销售的同类型礼服，获利颇丰。

添加原文链接

在转发时，有时需要增加其他图文信息时，但微信信息中没有办法放超链接，这就需要利用尾部的"添加原文链接"，只有在"阅读原文"可以放上超链接，通过"阅读原文"可以给自己产品增加浏览量。这简直是一种免费的广告机会！

创设结尾引导语

这个要素其实是起锦上添花效果的。在页脚之前我们可以创设一小段非常有煽动性的话，可以再次刺激用户转发欲望，当然这段话必须是经过认真斟酌的。比如加上"你觉得本文对你有启发，请点击右上角按钮，分享给更多的朋友，分享越多，收获越多，谢谢！"的引导语，或许效果更加明显。

69. 卖产品不如讲故事

微商心语

微商营销，讲好故事，事半功倍。

柏拉图说过，谁会讲故事谁就拥有世界。在我们这个为中国梦不懈努力的全民微商时代，用微商营销来创业致富，已经成为很多人的首选。但毋庸讳言，如今的微商营销无论从效果还是市场表现上都还有待提高的空间，原因何在？

关键原因是只卖产品，而没有把微信营销当成良心行业来做，我们缺乏的是有故事、讲感情的微商营销。从另一个角度讲，微信不过是搭建平台，而企业要想做营销，必须做好服务、讲好故事，实现“有温度”的营销。

讲好故事也是一门艺术

在微商营销中，选择和运用故事除了作为事实凸显主题外，有时也借以抒发微商的情感，为整篇文章起着铺垫和渲染的作用。现实生活中不缺乏会讲故事的人，但是微商讲故事有着自己特殊的要求——所有的讲述都是为宣传产品服务的，也就是说，我们所选择和讲述的故事都要发挥事实论据的作用，要成为支撑观点的有力助手。

此外，微信文章中要把故事讲好，但也不是故事讲得越多越好。如果故事选取或讲述不当，不仅不会使文章添色，反而影响文章的说服力，让用户一头雾水，不知所云，得不偿失。

讲真实的故事

微商文章其实和新闻报道一样，如果文章所讲的故事都不存在或是虚构的，那么便没了生命力，迟早会被用户摈弃。所以要选择那些真实的事情，这看起来挺复杂，其实也很简单。我从一个学员那里听到过这样一段经历，他在自己销售的饮料瓶盖上贴上二维码，通过微信扫描之后，手机里就会显示该饮料的语音祝福，所以，不管是将其送给父母、朋友、同事等，都不再是一瓶单纯的饮料，而是一个故事。这无疑是最大胆的尝试和最温情的问候，如果微商们都有这种讲故事的态度，那么将微信营销做成“点对点”“面对面”的服务就指日可待了。

讲经典的故事

经典的故事经过历史的沉淀和流传为人们所熟知，故事中的道理也为人们所接受。当然，并不是说要全文原貌地引用经典故事，我们也可以将经典故事编织成绚烂多彩的花环，对经典故事进行合理解读，真正达到“事实胜于雄辩”的奇特功能。在选择经典故事时，一方面要注意它的独特性，即该事例是其他场合所没有或很少见到的。此类事例的运用能够引起人们的注意和兴趣；另一方面，它的时代性，即该事例的运用反映了当今时代的特征和特点，它能激起人们的共鸣，对于历史经典，赋予时代需要，同样也是受欢迎的。

讲自己经历的故事

但凡自己经历的事情，感受真切，讲述起来也就深刻许多。但是，我们自己经历的事情有时也会受到个人喜好、知识层次、眼界认识的局限。所以，要注意从整体上把握故事的真实性和客观性，防止以偏概全，更不能以私情谋取私利泄私愤。当然，别忘了讲故事是为了让我们营销的产品能更吸引人，所以就需要将故事与产品的特征、功能需求无缝对接，让营销实现突破。

70. 创新决定内容热度

微商心语

只有从理念、方法、服务等全方位创新，微商营销才能跟上时代节拍，引领网络营销时代潮流。

创新是一个民族的灵魂，是一个国家兴旺发达的不竭动力。创新是微商营销的生存之基、发展之道和活力之源，创新也同样决定了文案营销内容的质量与热度。经过大量的理论积累与实践探索，我愈发感觉到必须要以创新的思维对待文案营销工作。现在的网络营销竞争日趋惨烈，搜索引擎营销、视频营销、体验式微营销、O2O立体营销等新型营销方式层出不穷，对微商营销形成了一定冲击。因此，只有从理念、方法、服务等全方位创新，才能保证微商营销内容的热度，使之立于不败之地。

理念创新——变封闭为开放

我始终认为，微商营销是向着参与、互动、体验和分享方向发展的，随着全民微商时代的悄然到来，微商营销已成为崛起的新锐力量，各具创意的营销思维，让我们认识到必须进行从封闭向开放的理念创新。

作为一名微商，要有系统的思维方式，对网络营销领域涌现的新事物表现出极强的敏感性，将营销环节出现的新情况结合起来，形成一个有机整体，借助于判断和逻辑推理，在微商营销时充分考虑产品销售的“超前”与“预后”。营销理念创新要求我们要摒弃过去那种封闭式的宣传销售模式，必须要适应现代社会发展模式，向着开放、共享、互动的营销模式转变。

方法创新——变低端为高效

这点其实也就是同质化向差异化转变。大多数的微信营销都是以价格为吸引用户的着力点，大批量、同质化成为其主要的特征，因此导致整个微信营销内容与竞争对手差别不大。那些比较低端的营销文案，都是误导用户将关注的重点放在价格而不是差异上。但对于高端的营销模式，特别是对于以网络为基础的营销，差异性则超越价格成为其关注的重点。这就是典型的营销方式创新，从产品、服务和形象等方面去寻找差异化的来源，并以此来建立差异化优势，从而形成营销内容上的巨大优势。比如在宣传夏季女装时，我们可以创新方法，分别从轻盈时尚、清凉耐穿、美观秀丽等方面定位，分别树立特征鲜明的差异化形象。

服务创新——变传输为沟通

对传统的微商营销而言，产品就是一切，市场的成功完全取决于产品自身价值，但在服务创新后，产品不再是打动顾客的唯一因素，相反，高品质的服务或许能够吸引更多的用户。在创新服务中，我们要改变过去那种单纯向用户传输的模式，而要为用户考虑每一个细节，制定可行性、操作性强的服务措施，确保这些服务能够符合用户的需求。这就要求，我们一方面更新服务理念，另一方面要从服务程序如信息沟通、顾客反馈等方面来进行完善。当然，这些周到细致的服务项目当然要适当地体现在产品价格上。

71. 微商营销文案写作要领

微商心语

要把自己当成一个销售家，掌握四大要领，这样才能成为微商营销文案写作的行家里手。

比尔·盖茨说："创意就如原子裂变一样，只需一盎司就会带来无以计数的商业利益。"说实话，文案写作尤其是微商文案写作，是一项费神费力的脑力劳动，但也是一项创意无限的工作。好的营销文案对产品营销起到推波助澜的作用，能产生惊人的能量，用最小的成本和代价唤起用户的购买欲望。

其实，微商营销文案写作也是一门科学，是一门指导微商具体活动的行为科学，它广泛应用于微信营销的每个角落，为我们营销活动开展提供科学的指导方案。在文案写作时，要把握好四大要领，才能达到更好的效果。

牵住营销文案写作的"牛鼻子"

无论我们从事哪个领域的微商营销活动，在进行文案写作时，最重要的是领会微信营销的要义，找准产品营销定位，把握营销活动特点。具体讲，就是要紧紧围绕当前微商营销趋势来写营销文案，紧紧围绕事关本产品、本领域的新闻热点事件来写营销文案，紧紧围绕用户、消费者关心关注的焦点来写营销文案。围绕经济形势、产品销售趋势，是写好营销文案的“定盘星”和“方向标”，我们要以此为要领，牵住营销文案写作的“牛鼻子”。比如当前国家正大力扶持“互联网 +”产业，我的一位朋友马上制作了一期关于“互联网 + 农业”的营销文案，将互联网与山村特色农产品销售有机结合，反响良好。

找准营销文案写作的“切入点”

作为微商，当预知经济形势、产品政策发生变化时，我们要充分发挥嗅觉灵敏、经济形势预判强的眼界优势，把握先机，在迅速分析研判所获得信息，明确产品销售的大方向、大目标、大政策的基础上，及时收集相关文字数据、政策措施、专家学者观点等，从中汇总梳理出产品销售的关键节点，找准产品营销文案写作的“切入点”，提高文案写作针对性和时效性。

我时常感叹，每一个微商的状态永远都是“在路上”，他们时刻准备着捕捉市场细微变化，洞悉经营战略调整，做市场的领跑者，做产品销售的助攻者，并撰写最精彩、最实用的营销文案。

当好营销文案写作的“火车头”

英特尔前总裁格罗夫曾说过：“整个世界将会展开争夺‘眼球’的战役，谁能吸引更多的注意力，谁就能成为 21 世纪的主宰。”只有紧紧抓住用户“眼球”的文案才是成功的文案。文案是整个营销活动的行动指南，文案写作者必须反应敏锐，对市场形势的预判先人一步、快人一拍，当好营销文案写作的“火车头”。即销售市场发生变化后，乘势而上、主动作为，按下“快进键”，跑出“加速度”。

练就营销文案写作的“千里眼”

在实际的微信营销中，有些行情变化可以从媒体网络、专家解读中了解情况，作为参考依据，但不能完全依赖这些“第二手资料”。媒体网络、专家观点往往只是市场变化的表面现象，对许多苗头性问题研究并不透彻。这就要求我们保持清醒头脑，练就营销文案写作的“千里眼”，通过深入市场观察走访，了解详细准确的“第一手资料”，防止出现判断失误。比如有一段时间，养生保健被炒得很热，于是很多人投资养生行业，结果全部亏损。如果能深入调研，就会发现养生乱象丛生，国家正在着手制订整改方案，那么就不会出现蜂拥而至的现象了。

第八章

红包营销：在诱惑在传播

72. 红包一发，热血沸腾

微商心语

微信红包，引发的是发者和抢者的狂欢，而从红包发出到争抢完毕，发红包者也身心俱疲。

乍一看，这一节好像与红包营销的大概念没有必然联系，但深入分析发现，只有洞悉发红包的人心理状态的变化起伏，才会明白发红包实际上是利用新媒体工具开启新的方式牵引公众。我在与业内人士交流红包营销时发现，人们的关系并没有随着频繁地发抢红包而拉近，就像2015年春节央视春晚发了5个多亿的红包，收视率却没有创下新高。

既然发抢红包已经成为微信中很流行的交流方式，那么我相信每个人都有类似发红包时的心理体验和情绪波动，无论是兴奋、失望、委屈抑或愤怒。因此，只有充分了解发红包时的大众情绪，不受情绪波动，才能为红包营销奠定情绪基础。

开心

我相信，每个用户在发微信红包时，都是抱着一种激动、忐忑、兴奋的心情的，这无可厚非。因为，我国自古以来就有发红包的传统习俗，发红包体现的“施予人”的美德和胸襟，无形中彰显了发红包的人对其他人的深厚感情，同时也流露出对其他人的问候祝福。所以，每个发微信红包的人，最初的状态是开心、兴奋，所谓红包一发，热血沸腾。

担心

发红包这种引领数字化生活的新潮流也会给发红包者带来担忧之心。红包发出后，就像放飞的鸽子不受控制，抢者“盯得眼花、戳得手疼”，于是你希望的“让红包飞一会儿”，却可能会变成众人叫嚷的“让数字再大一点儿”。而且，发红包的人始终在担心，关系亲密的是否抢得到，金额是不是太小让人嘲笑嫌弃等，这些问题都会一直困扰你。

烦心

其实，本质上微信红包只是一种娱乐手段，但现在却走样了。发红包者，被认为是替自己产品宣传造势，是炫富讲派头；抢红包者，被认为是一毛不拔，追求蝇头小利……这时，那些看似块儿八毛的网络红包，被朋友圈中很多人进行各种各样的解读，令发者不胜其烦。另外，从移动支付领域角度讲，微信红包也存在一定安全隐患，更令人徒增烦恼。

安心

直到红包被抢完后，发者的心里或许才能稍稍安稳下来，毕竟微信红包带给人多数是愉快的心理体验。在这种以感情、兴趣爱好为纽带的朋友圈中，发红包可以积攒自己的人气，还可以维护联络各自感情，让大家在讨论话题、抢发嬉笑中增进认识。而且，那些微不足道的微信红包，积少成多，或许可以逐步堆积成惊人的客户资源和巨大的资金流量，对产品销售、个人便利、经济发展，都有着多重功效。

73. 红包营销的特点

微商心语

即时交流互动的微信红包营销，让用户更多地参与微信互动，其营销效果也必然加强。

2014年春节，微信推出一种新交流互动方式——微信红包，这种微信红包涵盖了传统社交、即时游戏、传播交流、礼节习俗等，无疑将互联网金融的创新推到了一个新的高度，“微信红包”的抢发也迅速演变成全民游戏，这种红包营销模式也越来越多被人们所关注。与其说微信红包是一种交流互动方式，不如说是一种全新的、快捷的、自我的营销方式。在我的公众微信号“企业管理营销研究室”中，我曾多次提到过微信红包营销模式，但还是有很多业内人士和读者问我如何利用微信红包带动产品营销。这的确是个应该明确回答的问题，但在这之前，弄清微信红包营销的特点就显得十分重要了，只有充分认识微信红包的营销规律特点，才能从根本上找到实现产品营销的突破口。

因此，先要认识微信红包营销趣味性强、即时互动、门槛更低、资金奖励的四个特点，然后根据这四个特点分别采取策略，带动产品营销。

趣味性强

毫无疑问，微信红包随机分配金额的方式不但增加了趣味性，而且还可以看到其他人抢到的红包金额。微信红包玩法创新，充分激发了用户的草根创造力，这其中最典型的就是普通红包和拼手气群红包。普通红包依然代表着礼尚往来的礼节，拼手气群红包却将这种礼俗变成了一种游戏，让使用者在轻松的氛围中感受浓浓的年味。更为刺激的是，通过查看他人的“抢红包”记录，可以与好友进行手气对比，这种比赛带来的刺激和趣味能吸引更多人。

即时互动

我们都知道，传统的纸质红包内装纸币，一般按照关系亲疏划定红包等级，采取的是面对面传收。而微信红包则彻底颠覆了这一传统模式，它是一种全新的网络在线传播，也就是一种虚拟的形式，用户通过网络媒体和电子商务支付平台来快速完成“抢红包”和“发红包”动作。如果用户想将微信红包里的钱“据为己有”，则需要通过绑定银行卡才能进行提现。另外，决定每个用户能抢多少金额的，不是按照关系亲疏，也不按照职位高低、年龄大小，而是随机分配的，用户在“抢红包”上完全是平等的。

门槛更低

总体来说，相比其他营销方式，微信红包营销更简便易行、门槛更低。我们来对比一下微信红包和支付宝红包，这样或许感受更为直观：微信红包营销所依赖平台和基础就是微信，这个工具简单透明、方便操作，无论学历高低、年龄大小都能进入，相对于支付宝繁杂的功能设计，微信红包营销的这一点更为吸引人。

另外，很多网络平台发放的红包，都是带有相当多的前置因素和约束条件的，比较常见的就是购物满额再减额的红包，例如京东商城、苏宁易购等发放的红包都是购物满一定额度减一部分额度的红包，很多微博上也有许多内含“积分”的红包，这种红包用途相当单一，大多只能在特定的购物中使用，却不能像微信红包一样可以提现。而微信红包，只需绑定银行卡就可以进行提现，提取的现金可以随意支配，并没有刺激消费的目的。

资金奖励

微信红包营销中，用户积极参与的一个重要原因是可以在微信红包中获利，这是他们参与微信红包营销的一个前提。微信红包由于带有一定的资金奖励性质，让用户乐于参与其中。其实在现实社会中，很少有哪一种营销手段是直接给予用户直接的资金奖励的，因为营销的根本目的就是赚取用户手中的钱，而微信红包营销这种看似本末倒置的营销手段似乎有悖常理。或许，这正是微信红包营销的独特之处，用户们看似在“抢红包”的狂欢活动中“抢”到金额不等的红包，但事实上正是营销者用这种方式聚集了人气，提升了产品关注度，等于营销者花了很少的钱做了一个相当成功的广告，而这正是微信红包最吸引人之处。

74. 一分钱也能激活好友

微商心语

微信红包的天然吸引力注定它不会被任何人拒绝。对于那些平日“沉睡”的好友而言，微信红包正是激活他们的最佳路径。

俗话说，“一花独放不是春，万紫千红春满园”。微信中好友的多少，对于微商来说绝对是营销成功与否的一个关键因素，因为好友本身就是潜在的用户。好友数量越多，就越容易培养出数量可观的用户群。因此，加好友就成为红包营销的前提与基础，但随着而来出现了众多“沉睡”好友。

在我的公众微信号“企业管理营销研究室”中，我和同行们就“好友越多，营销效果越差”的问题进行了探讨交流，很多微商陷入了这个怪圈。后来，根据我自己的研究，结合业内专业人士的建议，发现根本问题在于微商们没有正确掌握与好友沟通互动的方式，只有正确使用微信红包营销，才能巧妙地激活那些“沉睡”好友，达到四两拨千斤的效果。

真诚相待勤沟通

当前，随着全民微信时代的来临，越来越多的人把微信朋友圈当成自己的社交生活圈，自己的喜怒哀乐、经历体验都会在这个圈内分享、讨论。但也有相当一部分好友，活跃度很低，有的干脆从来一言不发，成为“僵尸”好友。这就需要我们主动地去跟那些“沉睡”中的好友交流沟通，主动地去找话题，主动地去发现客户的需求、兴趣爱好等。这样你才能更好地快速地挖掘更多属于你的客户。

我们公司一个刚入职不久的“90后”员工，他每天利用午饭、乘电梯、上洗手间等零碎时间在朋友圈里发红包，经常@那些不怎么说话的好友，如“好久没联系了，最近怎么样”“本红包只许××领取”等，他告诉我，这种方式很管用，极大提高了他在朋友圈中的人气。虽然红包常常只有一分钱，但这种方式真心诚意，能够给人留下很深印象，也容易引起情感共鸣，比那些被早已用滥的早安、晚安、心灵鸡汤要靠谱很多。

点赞评论齐上阵

关于微信营销，我有一句很经典的话：你是什么样的人，就决定了你有什么样的朋友圈。扪心自问，为什么自己的朋友圈中有那么多的“沉睡”好友？这当然有部分好友本身就不怎么用微信的原因，但更多的还是自己经营管理不善，导致好友们没有交流互动的愿望，我们也白白流失掉潜在的用户。

我认识的一个学员，她非常注重和朋友圈中“沉睡”好友进行沟通，她在自己生日时发的红包为：“今天是我的生日，为了感谢大家对我的祝福，我决定发红包。如果你想参与……如果你不想参与，无须回复，打扰了，见谅！！”此举激活了那些“沉睡”好友的纷纷点赞互动。

这就启示我们，在朋友圈中，在派发微信红包的基础上，还要善于运用点赞、评论的功能。当别人发微信时，我们要及时点赞、多评论，千万不要吝啬对别人的赞美和祝福，或者给他来个一分钱红包，送上对他的祝福，这也会展示我们自己的美德和人格魅力，为下步的产品营销铺路。

互动保持活跃度

我们知道，在微信朋友圈里说话，越是有分量、有创意、有新意、与生活关系密切的事，越容易被关注、评论或转发，也越能引起那些平时不活跃好友的互动。我们要善于利用节假日、网络热点等制造小话题，让好友们都参与讨论，引导大家传播正能量。在此基础上，再配以数量不等的小红包，调动气氛，让朋友圈里经常保持活跃度。

我前段时间经历过的一件事，对大家或许有借鉴意义。在我的一个微信小群，一个平时不怎么活跃的好友发了一条微信：“对不起，我是来道歉的！一个偶然的机会成了微商，成了刷屏党……”然后又派发了一个小红包，虽然金额只有几分钱，但他诚恳的态度马上得到大家的及时回应。

从这件事中我们可以看出，微信交流是相互的，要想为营销打好基础，就要在发小红包的基础上，适时互动、保持活跃度，这样才能取得好效果。

75. 微信红包三步走

微商心语

微信红包须穿越三重境界，方能在红包营销的路途中破茧成蝶，达到最优营销效果。

微信红包的推出，很大程度上拉近了用户之间的距离，无论大家相隔多远，只要有手机有网络，就能享受发、抢微信红包带来的乐趣。毫无疑问，微信红包已成为大数据时代，最为流行、最为便捷的互动交流方式。既然微信红包的用途如此广泛、作用如此重要，那么必须深入研究微信红包的特征内涵。这一节我们对用户使用微信红包做一个全面的解读。

第一步：寻群而入

大家知道，微信红包的抢发都是在一个个朋友群里进行的，朋友群是微信红包的载体平台，是微信红包的桥梁纽带。只有建立一个活跃度适中、有共同话题爱好的朋友群，微信红包才能生根发芽。所以，寻找适合自己的朋友群，是微信红包的第一步。

这趟寻群之旅看似简单，却让大多数老微信用户深感为难，即便是微商们也不例外。毕竟我们不能见群就加，这样很有可能后期导致兴趣爱好不同而退群，或直接变成“沉睡者”，最终费神费力，达不到我们微信红包营销的目的。总之，这是一个逐渐探索、用心辨别的过程，磨炼的是心智，塑造的是人品，唯有坚持原则、以人品为基才能拨开众多朋友群的迷雾，找到真正适合自己的朋友群。

第二步：倚群而“歌”

这一步是新手走向成熟的阶段。当然，这里的“歌”不是唱歌，而是要发声、表达自己的观点。进入这个阶段，大多数微信用户已迈过“门槛”，进入群中，在与群中好友互动交流中逐步掌握了发红包的基本方法、套路和常用技巧，再通过几个抢、发红包的简单练习，进一步熟悉了个中门道，积累了丰富经验，进而达到闲庭信步、倚群而“歌”的境界。

这一时期的微信用户，对抢发红包的时间、红包金额、面向群体乃至方式等，都做到了心中有数。他们不再是初入群中跟风抢发的新手，也不再是生搬硬套的“菜鸟”，而是具有专业知识面和洞察力，能将诉求目的、表达方式与好友需求有机结合的高手了。

第三步：破群而出

这一阶段堪称抢发微信红包的最高境界。如果将第一步的微信红包用户比作“菜鸟”，第二步的微信红包用户比作“高手”，则这一境界的微信红包用户简直就是“大神”。他们抢发微信红包时不再立足于旧传统、老套路，而是立足自身需求，翔实掌握朋友群中好友心理，灵活运用私聊、点赞、评论、发起群聊等方式，左右逢源，赢得众多微信粉丝。更可贵的是，“大神”级微信用户已不再局限于朋友群这个小圈子，他们将微信红包从单纯的抢、发升华为互动沟通技巧，为积累人脉资源、实现微商营销打下坚实基础。

76. 口令红包，更直观的营销方式

微商心语

口令红包，与其说是在玩“红包”，不如说是在玩“口令”游戏，但大道至简也能带来丰富内容，这必将创造更多交流、互动和营销利好。

口令红包是 2015 年春节期间，由支付宝和腾讯分别推出的红包新功能，它一经推出，迅速席卷整个手机网络用户，受到各阶层群体的追捧。

相比微信红包，口令红包的规则更简单，更加注重趣味性和用户内心情感体验，文字口令也更适合用来传达感情，是一种互动性层出不穷的“趣味红包”。不管是 QQ 口令红包，还是支付宝口令红包，上线后很快受到热捧，被用到好友聚会、公司年会等公共场合，甚至被称为年度最热的互动神器。对于口令红包的大热现象，我们要客观看待，深入了解其功能特性，这样才能抓住口令红包的实质，长久地维持我们的产品品牌。

口令红包的概念内涵

所谓口令红包，即用户发放红包时添加口令，抢红包的人需要在对话框输入对应的口令，才可以抢到红包。从本质上看，口令红包首先是以朋友圈好友和朋友群互动为基础的“社群红包”，同时又是一种规则简单，玩法层出不穷的“趣味红包”，更是不折不扣的“情意红包”。

口令红包自带恶搞、自嘲、起哄等时尚玩法，对于众多无处宣泄的网友来说，发的不是红包，而是乐趣、情绪，也是智慧。口令红包的玩法花样百出，通常是先由某人引出一个话题，比如戏谑严厉上司、自嘲自身缺点、评论某一社会现象等，在发出红包活跃讨论气氛，从而带给用户丰富刺激的体验。

口令红包的使用攻略

可以说，口令红包操作简单易掌握，总体来说有这么五步：

一、先打开 QQ 群 / 支付宝；

二、打开聊天（支付）窗口后，点击发送按钮下载的加号打开工具箱，然后从工具栏找到并点击打开“红包”功能；红包里面有 1 个选项为“口令红包”

三、点击“口令红包”就可以设定一串字符为红包口令，输入正确的字符串，然后设定红包的大小以及数量；

四、设定好后，点击“付款”；

五、将红包发送到选定的朋友群中，聊天界面便出现“口令红包”；输入框会提示好友们输入红包口令，输入正确的红包口令后自动打开红包拿钱。

口令红包的营销技巧

作为一种高效的营业推广手段，口令红包能够使目标用户产生强烈的、即时的好感。虽然我们耗费的口令红包只有百十来块而已，但是能够成功调动用户参与积极性。作为微商，我们更要利用好口令红包这种新颖的营销模式，预先设计好红包所代表的产品品牌或产品推广语，以简短有力、适合口口相传的词汇，提炼营销产品最核心的优势，展示产品最具竞争力的卖点，尽量做到让人易懂易记易传播。同时，我们在不同的朋友群要长期使用同一个宣传主题，才能推动口令红包营销深入人心，使红包营销活动在用户心中占据一席之地，最终将红包营销活动本身打造成一个独立品牌。

77. 红包游戏，让传播更给力

微商心语

红包互动，这种看似游戏式的营销，引导营销活动从单向传播转为双向互动，产品传播更为有效。

网络红包发展到当前，不只微信、支付宝、QQ 和微博推出网络红包应用，更有百度、京东等电商大咖都纷纷投入红包大军中。红包游戏带给用户新奇体验和互动乐趣，也让微商产品的传播更加便捷、传播力更加强劲。越来越多的微商通过小小的红包游戏，引导用户参与到产品体验、售后服务反馈等产品传播过程中，极大地促进了微商的产品推广。下面，我们就从三个方面来解析红包游戏是如何助力产品传播的。

关注用户体验

我曾经与一位成功的微商和一位权威的业内人士，就网络红包现象进行过深入探讨，得出一个观点：在网络红包互动中，要通过关注用户体验来达到传播最佳效果。

在红包游戏中，微商通过发红包而引导用户参与产品传播与营销，形成了一种“经销商——产品——用户”的高效营销模式，这不但改变了过去传统的低端营销格局，还突破了时空限制，增强了互动性。在此基础上，要关心用户体验，一方面从他们的消费轨迹、兴趣爱好中分析研判更多的消费倾向，另一方面大力发掘消费者的潜在需求，用各种手段激发他们的消费欲望。这里，就需要与用户打成一片，让自己成为他们好友，增加互动分享的机会，为传播推广铺平道路。

这里有个例子，我公司楼下一个经营传统糕点的店铺，买者众多，店主根据买者喜好制作糕点，通过红包经常与买者互动，在店主发的宣传自家糕点的微信里，短短一天时间，竟获得800余个赞和400多条评论。这启示我们，关心用户体验会获得意外的传播效果。

引导用户参与营销活动

作为微商，我们派发的红包更像是一笔广告费，当然这也是一笔用在刀刃上的广告费。在我们发起的红包游戏中，经过热情的互动后，就要适时推出产品主题，引导用户参与讨论，并态度友善、积极热情地及时解答用户提问，真心诚意关心用户对产品的意见建议。

从刚才那家糕点店的点赞案例中，我们对用户如何参与整个营销活动应有更直观的认识。当前，这种通过微信红包，主动拉近与用户的关系，引导用户对糕点口味、制作流程提出意见建议，然后进行糕点信息的传播，令糕点店投入极少的广告费用获取大量的有效用户。

获取精准客源

红包游戏本质上是一种不容忽视的营销手段，我们可以通过不断地观察消费者的喜好特点，进行深入细致的数据分析，从而获取精准客户。比如我的一个朋友在郊区开了一家颇具规模的农家乐，他的农家乐公众号对每个消费者定期推送农家乐的最新动态。通过这个公众号，让消费者聚集在一起，彼此分享果园采摘心得、对菜质的意见，并经常进行一些红包小游戏，逐渐让消费者认可公众号的功能，从而愿意接受所推送的其他商业信息，甚至主动要求推送内容，这时精准的客源便逐渐形成。

当我们懂得了小小的红包游戏可以为微商带来精准客源时，就不难理解为什么有那么多微商热衷于通过红包传播产品信息了。一天获得 800 多个点赞，这有力地证明了红包游戏和精准客源之间的关系——对于拥有相同消费观念的潜在客户，很容易通过类似的产品传播而成为真正的客源。

78. 红包营销的8个技巧

微商心语

红包将社交与市场营销相结合，在发挥推广品牌、提升形象、促进销售的同时，也节约了大量的宣传成本。

随着红包功能和规则的不断完善，用红包来进行商品营销，成本远低于传统的线下广告投入，引领了整个营销潮流。在红包营销中，由于营销的主体不同，采取的模式不同，所处的阶段不同，效果也必然不同。所以，我们要重点掌握红包营销的 8 个技巧。

利用红包推广微信公众号

可以将微信红包分为随机抽红包和邀请红包两种模式，无论是哪种模式，都必须先关注公众号，这就为我们利用红包推广微信公众号提供极大便利。在奖品设置上，可设定不同等次的奖项，营造出一种浓厚的游戏氛围，最大限度地激发活用分享朋友圈及邀请好友参与的积极性，让我们的公众号在短时间内得到极大传播。

定位要精准

据最新统计显示，微信已经覆盖中国 95% 以上的智能手机，月活跃用户达到 5.49 亿，各品牌的微信公众账号总数已经超过 800 万个，移动应用对接数量超过 8.5 万个。面对如此庞大的用户群体，我们的红包营销一定要有的放矢，才能取得最佳效果。红包营销中，无论是派发红包，还是免费送出产品，都是采用让利的方式吸引用户关注，这种通过微信朋友圈定向添加的好友或者是定期针对特定用户的让利优惠，体现了对潜在用户的定位更为精准。比如我曾碰见一个紧挨着世纪联华大卖场的水果小店，免费向世纪联华员工送出 300 斤水果，并推出“领红包后还可以再免费得到水果”的优惠，水果店很快就获得了近 900 个微信好友，极大拓展了消费人群。

用红包消除陌生感

一项有趣的科学实验表明，在我国这样一个传统的人情社会里，从陌生到熟悉其实往往只要一个小小的馈赠。而红包，恰好可以起到这个作用。对于微商而言，给新用户留下好印象的最佳途径莫过于发红包了，我们用数额较小的微信红包拉近彼此距离，增加相互信任。此外，还可以通过发红包建立朋友群，然后将新用户拉进群中，进一步获得潜在客户。

调整思路，改变策略

红包营销中，必须要有锲而不舍的韧劲和创新的发散思维。发出去很多红包，却依然达不到想要的营销效果，这种情况时有发生，我们要坚定信心，继续保持好的精神状态，同时也要调整思路，比如拍摄自己商品的宣传短片上传到微信上、推出“多一个关注送一块钱”营销策略、利用大数据分析用户的购买习惯与需求、提供上门服务等措施，不断优化营销策略。

开展领红包对奖品让利活动

这其实是对用户的二次筛选。用户在网络中抢红包，然后到实体店中兑换商品，这种方式将线上线下相结合，最大限度地增加实体店的客户来访量。发红包兑礼品，将诚意度高的用户吸引过来，对于增加实体店的人气十分奏效。比如一个房地产公司采取了这种红包营销方式，虽然前来售楼处兑换礼品的人数远小于派发的红包数，但还是获得了可观的来访量，提高了售楼处的人气。

回馈老用户，活跃新用户

红包是微商与用户之间互动非常重要的一种方式，因为通过微信红包回馈老客户、刺激新客户总比登门拜访客户要省时省力，更能节约成本。这样做不但有效调动新老用户积极参与，也让产品获得更大层面的传播。比如只要你推送一则要发红包的消息，群里的新老客户马上就可能一哄而起，氛围随即变得热烈。

提升用户忠诚度

“互联网+”的本质就是用户至上，红包营销当然更不例外。我们可以在节假日期间，为购买过产品的用户发个祝福红包，适时为用户送出小“惊喜”，让用户感受贴心的服务与温暖，如此一来其忠诚度会不断提高。

群发红包

利用自建的朋友群，将群发红包与群发广告相结合，可以有效消除用户对广告的抵触情绪。此外，还可以以赞助商的身份进入人数多、活跃度高的朋友群，先发红包再群发广告，这样既帮群主活跃气氛，也不会让用户产生抵触情绪。这种群发红包的营销模式，精准度极高，成本远低于投放媒体广告。

79. 红包点赞营销策略

微商心语

微信红包点赞营销正在成为千万微商宣传促销的新载体，它具有成本低、见效快的特点，以小成本投入形成大辐射优势。

红包点赞营销作为新兴的微信营销形式之一，即用户将微商推送的产品信息转发到朋友圈集赞，帮助商家传播信息，凭集齐规定的“赞”领取红包。可别小看这种营销模式，根据我的调查发现，红包点赞营销实际效用十分可观。如今，微商们也利用用户“动动手指就有免费午餐”的心理，把这一营销方式利用到极致。

“亲，快去朋友圈帮我点个赞！”“赶快行动起来，点赞可领取红包！”这是我们在微信经常碰到的现象，红包点赞在朋友圈中的传播速度十分惊人，这简单点赞背后，迸发了巨大的营销能量。下面，我们从三个方面来解析红包点赞营销的策略。

固定用户群体

在红包营销中，微商们需要精准定位目标用户，并最终实现成功营销。微商通过与用户接触，分析用户购买能力、喜好特点，然后要求用户集齐点赞数量领取红包。这是一种“三赢”效果，微商们以低成本实现了产品传播，点赞者认同商品，被点赞者获得成就感。红包点赞营销应用范围极广，手法简单有效，传播速度快。

我的一个学员告诉我，他经营了一家学习教育机构，通过微信红包点赞的方式让学生家长帮忙做宣传，仅一周时间转发量超过 2.5 万次，阅读量超过 1.3 万次，引来了大批前来报名咨询的人。

增加用户黏性

红包点赞营销中，用户为了能获得更多朋友的点赞，会不断地添加好友，这无形中会带动微商的用户量螺旋式增长。通过红包点赞营销，配以图文并茂的软文，通过千百好友的不停推送，用户对于商品的认可度也逐渐提高，再次购买的概率大增。最重要的是，一旦用户对某一产品或服务黏性增加，用户的忠诚度将成为微商营销竞争的最大优势。当然，在这个环节中，微商们要持续整合产品资源优势，把线上营销、线下运营等所有环节衔接好，并保证所售产品服务配套质量，产品的美誉度才能提升，用户黏性才能增加。

比如，我们小区楼下的擦鞋店，针对会员发起了集赞送礼的活动：集齐 30 个赞送鞋刷一把，集齐 59 个赞送鞋油一盒，集齐 89 个赞送全套护理一次，显著提升了擦鞋店名气。

善用从众心理

心理学大师马斯洛说过，每个人都有从众心理。当然，消费者也不例外。从绝大多数网络营销案例来看，用户们购买时更倾向选择那些销量高、人气旺的产品。同理，利用红包点赞营销，微商们获得点赞、评论越多，意味着销量越多、人气越高。微商们采用点赞发红包的方式，先鼓励用户集赞，随着点赞人数快速增长，成功带动用户们的购买从众心理，进而达到宣传目的，实现营销最大化。

但需要注意的是，作为微商，一定要遵守法律法规和社会公德，遵守《微信公众平台运营规范》，做依法依规进行红包点赞营销的典范。

第九章

社群营销：圈定客户任你"玩"

80. 社群存在的意义解析

微商心语

社群是社会发展的产物，是基于某种需求和爱好建立起来的人的集合，它将人与人之间的关系变得简单和真实，同时也带来更多有益的改变。

对于“社群”这个概念，很多人还比较陌生，在现实生活中，它并没有微信、QQ使用率那么高，但它所蕴藏的价值与能量却是不能忽视的。

社群，顾名思义，就是由一部分有某种价值、观念、兴趣爱好、行为习惯上相似或相近的人组成的群体集合。社群的构成基础是人，人的社会性表现在社群中便是群体性、一致性，所以社群的发展走向也符合人类的发展规律。社群的存在，是社会交往发展到一定阶段的产物，同时又有着特殊的意义。

人类社会生存发展的必然选择

著名哲学家亚里士多德曾说过，人类是天生的社会性动物。人的社会性、群居性、交互性等特性，决定了人会在精神上、意识上、物质上寻求某些群体进行寄托、交流。只有人处在某个群体之中，他才能感到存在的价值和意义。这也是社群出现的前提条件。

随着经济社会飞速发展，企业、家庭和学校逐渐成为绝大多数人联系最密切的三大群体。在企业中，人们之间产生经济利益联系；在家庭里，人们发生生活、感情联系；在学校里，人们发生知识联系。但这三种联系全都是建立在享有权利和履行义务的基础之上，而社群便成为这三种之外的有益补充。在社群里，人们基于信任、爱好、共同的价值观而自愿加入同一群体里，以获得内心满足、自我价值实现。

能够提供真实自由的空间

社群最吸引人的两大特性：自由、真实，这对具有社会属性的人们有着天然的吸引力。一方面，社群通过自己特有的内核精神或相同的兴趣爱好吸引个体关注、加入。社群对于成员没有规定权利与义务，也没有合同、协议和制度约束，对成员来说是自由开放的。但这种自由不是混乱和无序，恰恰是靠处世理念或兴趣爱好来维系的一种有序组织。另一方面，正因为这种自由的存在，社群往往也会变得更纯粹、更真实。因为在一个自由开放的环境下，一切虚假、不切实际的东西必然会被人们识别，很难长期存在和获得发展。

充满未知性与创造性

无论是社群的结构构成还是内容延伸，自从被构建的那一刻起，就在潜移默化地发生诸多变化。很多时候，社群不像 QQ 群、微信群那样，需要群主或其他活跃者制造话题，引导讨论。事实上，社群看起来更像一个小社会，社群的话题永远都是在发展变化的，这也让社群永远充满着未知的创造力。

从共享走向共赢

知名财经作家吴晓波在分享社群运营心得时说过，每个人在社群中是一个获利者，也是一个贡献者。从个人的角度来看，社群的存在可以给其群主、成员都带来更多有价值、可供参考的话题、讯息，比如在话题讨论中引入产品销售，引导成员发表观点，最后形成具有广泛基础的共识意见，建立起更有合作基础、合作意向的产品销售渠道，实现某种产品信息资源的互通共享。从社会的角度来看，社群则可以增强个人之间广泛的信任度，改善当今社会陌生人之间的不信任状态，让一个社会联系更加紧密。总之，通过共享和互利，社群才能变得更加长久。

81. 选地、圈地或进驻

微商心语

明确选群方向，设定准入门槛，让社群有序运转，从而让社群价值最大化。

作为社会个体的我们，面对具有社会性的社群，存在着多种选择。互联网创造了自由链接的可能性，各式各样的社群层出不穷，我们的选择便有了主动性。为了更好地生存、交流和发展，一个人的知识构成、兴趣爱好、价值取向决定了对社群的态度。总体说来，现代社会中，我们通常有选地、圈地和进驻三种具体选择形态。

选地——明确选取方向

处于同一个社群中的个体，必然会有一个或几个共同属性，比如身份、职业、爱好、共同经历，甚至是对某一事件的认识。那么，当我们在选择关注或创建某类社群时，必须要考虑到社群的这些共同属性。根据对社群的研究，我认为，目前的社群可划分为两大类：一类是基于产品而形成的社群，另一类是通过人脉积累而形成的社群。当我们想要创建社群或关注社群时，就需要去考虑好自身社群的分类。

对于产品社群而言，这是社群的一种商业模式，通过产品聚集，构建社群的营销方式，这也是目前社群发展的大方向。

对于人脉社群而言，人与人之间的关系链，不能通过加微信、聊QQ单纯地维系。要想更准确地定位人脉社群，就一定要多互动，无论是网络上的虚拟互动，还是线下的实际交往，都能促进社群的活跃度。

圈地——设定准入门槛

一个社群就是一个简单的生态系统，建群的基本理念如信念、爱好、价值取向等就好比生态系统中的阳光、雨露、土壤等基础条件。因此，必须要设定入群门槛，才能更好地使这些基础条件持续运转下去。

其实，社群的准入门槛看起来更像资格的筛查审定。人的社会属性决定了每个人都有特色鲜明的个性特征，如学历、社会地位、家庭背景、价值取向等。在建社群之前，必须明确社群内每一个人的个性特征，把同一个性特征的人划入同一个群里，才能发挥社群的最大价值。因为，不是所有人都适合在一个群里生存，不要期望通过一个社群去改变部分人，那会事倍功半、徒劳无功。

进驻——让社群有序运转

法国著名社会学家卢梭，在其著作《社会契约论》里强调，契约精神是这个社会得以维持的基础。那么我们也可以这样理解，社群要想有序运转下去，必须要有契约精神。要培养这种契约精神，需从社群的互动性开始。

互动性是做好社群的第一要义。无论是分享有价值的信息，还是宣传产品销售，我们发现每个进入社群的个体，都是为了实现共同目标而来。在这个群里，你会发现，大家聊的话题永远只有如何快速解决问题，如何快速成交客户，如何快速提升销量，大家相互鼓励、相互帮助，为共同达成目标进行高效互动。

82. 社群设置与管理

微商心语

社群的设置与管理，为了担负社群交往互动中的监管、协调和秩序维护等职责，起到监督管理、引导舆论的重要作用。

建好社群后，管理是关键。对社群的设置与管理，更能考验一个人的社交智慧和经营能力。一个社群里大V再多，但如果没有很好的设置管理，就不能高效地运作起来，也就失去了建群的目的与意义。也不能单纯地认为，社群的运转都是靠群主来操作的，“社群管理靠大家”，群中每个成员都是管理者。实际上，社群管理本身是个技术活儿，有许多工作要做，所以要采取正确的方式，对社群进行高效的设置管理。

社群的设置

一般来说，不同的社群有着不同的设置方式，同一个群的不同时期也可以变换设置方式，但目的都是保持社群的稳定性与活跃度。尽管设置方式千差万别，但总体来看，主要牵涉到群规、进入门槛和群文化等方面。

△ 制定社群规则

无规矩不成方圆，有规矩是成功的前提，社群亦是如此。一般在建群之初，就要确立简单可行的社群活动规则，这时的规则不需太复杂，只要求简便易行即可。但这时的规则对于社群的发展十分重要，合适的群规能为后期社群文化的形成奠定良好基础，能有效提升社群运转效率。

△ 设置加入条件

设置加入条件，可以看作社群规则的一种延续。大家往往担心，社区建立之初就设立门槛，不利于吸纳更多成员，延缓了社群发展壮大。这种担忧很正常，但如果建群之初就降低加入条件，一味拉人充数，到处发二维码，不注重质量，这样降低了社群质量，会严重影响社群后期良性发展，对社群长久运行显然是得不偿失的。

所以，必须设立必要的条件，比如要求能保证周末活动时间的、本市区的、有社群营销经验的等。坚持宁缺毋滥，才能让入群的成员保持同一层次的共鸣及互动。

△ 涵养社群文化

如果说订立群规是最初级的设置，那么社群文化就属于高端的设置方式了。规则可以制定，但社群文化是经过长期积淀涵养而来的。可不要轻视社群文化，它是一个社群的精神构成，是社群的“魂”，一个社群有什么样的文化涵养，决定了社群能走多远。这就需要我们不断地总结、归纳、提炼，高度概括社群精神，逐渐涵养出社群文化。

社群的管理

社群的管理，本质上管理成员的发言和议事。直白地讲，就是采取一定的形式，固化成员间的配合方式，让成员知道先做什么，后做什么，以及怎么做。

△ 确定管理人员

管理人员要具备强烈的责任意识、有奉献精神、热心公益事业和公共活动。通常，一个普通的社群的管理人员最好不要超过 10 人，这样既能保持高效运转，又能让管理人员感受到自身的存在价值。管理人员确定后，要逐步让他们学会社群管理的基本知识、社群设置的方法技巧、日常维护运营的具体任务，最终实现社群的高效运营。

△ 健全管理机制

社群的管理机制主要包括成员实名制、发言讨论制度、成员升级制度、成员退出制度、成员言行规范、定期组织集体活动制度等。健全管理机制的目的是为了激励管理员更好地协助运营社群，因此，制度健全后，要引导管理者高效执行管理制度，不能让制度变成一纸空文。此外，在执行中，对制度中那些不合理的内容，要不断修改完善，学会根据社群的发展变化来修订制度，时刻保持制度对社群发展的适应性。

△ 明确责任分工

社群不同，管理重点和管理分工也有所不同，但所有社群都包含着几个基础岗位，有几个基础分工，确保社群最基本的运转。比如，社群协调部，主要负责通知、通报、集体活动内容的编辑与发布；社群活动策划部，主要负责社群集体活动的策划、组织等，起到活跃成员的目的；社群秩序保障部，主要负责及时清理社群非法广告、正向引导社群交流的方向等。所以，要明确好管理者之间的责任分工，做到人人有责任，事事有人管。

83. 社群营销更精准

微商心语

实现社群精准营销，要做到定位精准、眼光精准、发力精准。

与传统营销方式相比，社群营销具有精准、高效、低成本等多项优势，但社群营销如何做到有的放矢，如何实现精准营销，成为许多人头疼的难题。通过与业内几位专家的交流，加之自己对社群的专业研究，我认为，社群要实现精准营销，就是要避免单纯地就社群论营销的怪圈。实现精准营销，至少要做到以下三方面。

定位精准

精准定位是实现社群营销的前提。当前，随着“互联网+”、大数据分析运用的兴起，社群营销定位精准还要明确以下三个方面特征。

△ 明确特殊性

社群营销是一种特殊的营销手段，更能深入人心，更接地气。因此切忌对产品销售方案照本宣科，对其他媒介营销经验全盘照搬，必须结合社群特点因地制宜。比如宣传企业，要突出企业的核心价值定位，围绕企业某一特质做文章，提炼出企业的核心价值。

△ 明确互补性

对于大部分社群营销而言，很难把线上、线下营销划分得一清二楚、泾渭分明。特别是近两年，许多企业逐渐探索在充分发挥社群营销的基础上，本着优势互补、协同配合、运转灵活的原则，建立线上、线下营销共同参与的协同配合机制，线下销售成为社群营销的有益补充，实现了社群营销效应最大化。

△ 明确互促性

用户忠诚度高是社群营销的优势，信息传播速度快是微信营销的特长。针对忠诚度高的用户开展微信营销，提高微信营销的有效性；通过微信的快速传播和广泛转发，将社群中的营销信息传播出去，体现了微信对社群营销的加速传播。比如，选择社群中那些忠诚度高、活跃积极的成员，开展产品营销，很可能会取得良好效果。

眼光精准

要以精准的眼光，把有限的营销资源和力量用到关键处。

△ 实际一点

对所需要宣传营销的产品项目综合分析后进行筛选，选取那些潜力较大、有市场前景的项目进行重点营销。同时，改变以往“广撒胡椒面”、宣传用力平衡的情况，将每个项目重点放在某一个社群中，实行跟进宣传、精准营销、全城营销。这样，掌握的情况准，成员反馈意见实。

△ 敏感一点

对于那些暂时不火、但有市场前景的产品，要持续保持关注度，主动介入，掌握第一手动态，及时做好营销方案。比如刚刚兴起的“互联网 +”，我们可以将目光放到农产品加工上，分析互联网 + 特色农产品的市场前景和卖点，有针对性地提前做好社群营销方案。

△ 超前一点

社区营销更要有新思维和大视野，及时了解大数据、工业 4.0、互联网 +、中国制造 2025 等新概念、新政策、新导向，也要具备双创时代、高铁时代等新知识，这样才可能让社群营销快人一步、先人一着。

发力精准

在社群营销中，发力准既包含了四两拨千斤的巧劲，也包含了水滴石穿的韧劲。

△ 抓住关键

在一些涉及面广、情况复杂的社区营销中，要学会自上而下、由表及里、抽丝剥茧，抓住产品的特质和用户实际需求，进而实现最佳营销。比如在社群中销售童装，就要精准分析目前童装需求形势，与社群成员、线下销售等形成一个高效运转的有机整体，才能实现精准营销。

△ 抓住不放

在社区营销中，能一蹴而就的是极少数，更多时候是打持久战，需要持续用力，才能取得一定效果。当然，抓住不放，也不是要求我们“大炮打蚊子”，声势大，投入多，但效果却不好。抓住不放，掌握时机，这才是重点。比如小米手机的社群营销，实行全民客服，从领导到员工都是客服，都与粉丝持续对话，以时刻解决问题。

△ 去功利化

从社区营销来看，社群承载的是品牌宣传功能，目的是让成员了解产品优势、销售优惠政策、接受并认可企业文化。但在实际营销中，不少企业在社群里赤裸裸地推广产品和促销信息，一味地想直接实现社群与营销的转化，甚至有些急功近利。这样功利化的营销，最终很可能事与愿违。所以，去功利化成为促进社群营销开展的重要方法。

84. 社群营销的三大要点

微商心语

社群营销，由于自身构成体系和传播方式的特殊性，营销方式也有着特殊之处。

作为新兴的营销方式，社群营销的潜在成员对象销售精准度更高，营销的过程也更能激发娱乐效应，更新颖更有趣，更符合当前网络时代潮流。如果不掌握社群营销的要素技巧，轻则破坏社群的和谐氛围，重则降低营销效果。因此，正确认识社群营销，掌握社群营销的要点，对于网络卖家非常重要。下面，我们从三个方面来认识社群营销的要点。

客观准确的价值导向

美国著名心理学家密特尔曼认为，充分了解自己，并对自己能做出适当的评价，是成熟自我意识的标准之一。那么，也可以这么理解，能全面了解社群的内涵精神，明白社群成员的价值取向，是社群营销能否取得成功的前提之一。

在上节中我强调，价值导向是社群的精神内核，是社群具有强大生命力的“魂魄”，它代表了社群具有的意识形态和思想基础。不同类型的社群，价值定位不尽相同。对于社群营销而言，客观、公正、准确地评估该群的价值导向尤为重要。比如对一个销售办公家具的企业，做社群前应重点关注本产品与其他同类型竞争有何优势可言，是售后服务质量高，还是生产工艺精良，必须提炼产品的核心竞争优势，然后导入社群中，这样就会形成产品的核心竞争力。

积极有效的多重引导

△ 激励引导

我的研究团队曾做过一项有趣的统计，75%的社群运行不满半年已变成纯粹的聊天室，背离了建群的初衷，这些都是社群缺乏激励引导的结果。在网络营销中，能为潜在用户提供正向激励，会取得事半功倍的效果。在社群中，我们可以通过派发红包，对发言积极者提高等级权限等方式，激励成员参与到营销中来。

△ 话题引导

这种方式需要意见领袖发挥作用。因为在每个社群中，都存在那么几个积极活跃、表达能力强、能引起群成员讨论的意见领袖。这些意见领袖对于某种话题的引导作用是非常明显的，我们应该联合这类意见领袖进行宣传营销，这将对我们的产品品牌产生极大的带动效果。

稳定适度的规模控制

我曾多次强调一个观点，社群并不是成员越多越好，社群的质量和成员多少也没有必然联系。业内有一个很出名的邓巴定律早已告诉我们，人类智力将允许人类拥有稳定社交网络的人数是148人，约150人，所以邓巴定律也称为“150定律”。保持适当的人数规模，不但可以有效深入地探讨一些产品实质问题，进行高效宣传推广，还能够快速与成员进行有效沟通，了解他们的深层次需求，提高营销针对性。

稳定适度的规模控制，是提高社群营销质量、实现社群精细化运作的必由之路。相对于普通成员而言，企业精神的忠诚拥趸、产品的核心用户群体，能为品牌带来更多价值。

85. 社群领袖的名望是关键

微商心语

在社群营销中，社群领袖的名望、意见起着关键的示范带动作用。

在上一节“话题引导”中，我已经提到过社群领袖的作用。鉴于社群意见领袖的重要作用，有必要在这一节进行详细阐述。在社群中，通常有几个进群较早、舆论威望较高、大众影响力较大、思想有见地、信息源丰富的成员，被称为社群领袖。社群领袖引领着整个群的舆论方向，引导群中成员思考问题、发表观点，是群成员的精神寄托。

社群领袖的名望来自广泛交际和分享意识、来自专业素养和丰富阅历。具体到社群营销而言，社群领袖的名望、意见起重要的导向作用。产品营销、销售信息传播在一开始并不能很快地为人接受，但如果一经社群领袖的正面评论与引导，或再配以转发，那么将起到四两拨千斤的营销效果。

能够强化对营销产品的认知度

社群领袖对营销中的产品或服务给予正面的回应和支持，并将自己对于产品的意见、体验、想法与群中成员进行分享、互动。这样，许多成员在原来广告的基础上，更加强化了对产品营销的正面评价和产品服务认知度。比如我认识的一个“85后”学员，他在网络上销售户外运动装备，但效果一直不理想，但经过几个社群群主的转发和宣传，群中成员纷纷购买或转发，他的户外运动装备因此大卖。

能够提升对营销产品的信任感

通常，企业产品被人们接受的过程缓慢而曲折。况且，在同类产品繁多的情况下，用户更是眼花缭乱、不知所措。这时，利用社群领袖进行宣传营销，可以增进用户对产品的认知度，更能提高用户对产品的信任感、依赖感。比如一位经营土特产的商铺，经过几个社群领袖的转发后，企业马上再配以图文并茂的软文说明，表示该土特产原汁原味，全部手工制成，群中成员对此更加深信不疑。

能够在更广层面上进行传播

利用社群领袖的名望进行营销，并不单纯地是在该社群中宣传，还可以通过该社群领袖的其他渠道，如QQ群、微信群，网络视频、微博等个人资源，进行全方位、多角度、更广层面的宣传，让产品在更多领域内得到传播，增加影响力。比如与我十分相熟的一位社群领袖，为了配合一处开放楼盘做营销，通过自己的5个社群、个人微博、QQ群、微信朋友圈等方式进行宣传，最后的转发量在1000次以上。

能够为企业提供及时有效的参考信息

通过社群领袖的社群传播扩散，企业可以及时收集到用户对该产品的综合评价、购买意向、需求变动，并迅速调整产品研发、生产、流通方向，提高销售针对性。这种精准实用的社群领袖营销模式，比传统网购中对商品服务作评论更为直观和实际。比如某一社群领袖在社群中发表了一款脱毛器的产品信息，很快便有成员反映比网上同款售价高，有成员反映没有优惠活动，有的建议在光棍节当日销售，该企业迅速收集了成员建议，并进行了有针对性的调整，最终热卖。

86. 头狼引导，有效营销

微商心语

社群中的意见领袖，开风气之先，引导社群成员的舆论导向与关注重点，成为一种有效营销手段。

著名社会学家拉扎斯菲尔德在《人民的选择》中提到，意见领袖通常是指在消费、时尚领域里具有高于常人的热情，积极探索这一领域的人。社群中的意见领袖，就好比狼群中的“头狼”，引领着整个群的走向和思考方向。在社群营销中，我们要特别重视“头狼”的引导作用，只有抓住这个“风向标”，才能在社群营销中立于不败之地。

意见领袖的营销价值

作为处于社群最上层的意见领袖，在引导话语讨论、掌握信息资源等方面优势明显，这些优势可转化为社群营销中极具价值的营销优势。

△ 在话语权上有优势

社群意见领袖最显著的特征就是具有话语引导权，可以左右成员的舆论方向。在当前的互联网时代，掌握舆论导向比掌握实体资源或许更重要。这些意见领袖，通过在社群、朋友群等网络平台发表观点、制造话题、转发图文，社员们大都会不约而同地跟随效仿，参与其中。经过多人的传播，最初的话题便被人们所接受。

△ 在知识储备、社会阅历上有优势

能做上意见领袖的，大多是某一专业领域里的行家里手，或是有着专业知识背景的高学历人才，或是有着丰富社会阅历，或是社会经济地位较高。总体来说，他们专业素养高，知识储备丰富，掌握一定的社会资源，人们对其崇拜羡慕，乐于接受其意见观点。因此，意见领袖传播能力更具有辐射带动效应。

△ 在洞察力上有优势

意见领袖们热衷于关注新鲜事物，擅长与他人沟通，并乐于分享经验体会，使得他们对于社会现象、热点事件的看法独到，分析问题更加深入客观。这正好契合了产品社群营销的需要。企业产品与服务只有借助意见领袖，发表具有新颖视角、独特见解的文字，才能引导广大社员进行消费。

借助意见领袖实现有效营销

利用意见领袖实现营销，要学会借势、借力、借机。

△ 借势广告

不可否认，传统广告对消费者的吸引力正逐渐下降，甚至引起反感。这时，可以从明星代言的方式中找到灵感，要尝试选择那些优质社群中的意见领袖们为广告代言。意见领袖代言广告，可以快速吸引成员的兴趣与关注，然后引导意见领袖就该产品进行讨论互动，再抛出一个正面客观的观点，就能抓住成员心理，从而提高企业或产品的知名度、美誉度，树立良好的品牌形象，最终达到促进企业销售的目的。

△ 借力口碑

“有口皆碑”的口碑营销是一种传统的有效的营销方式。要将产品口碑巧妙导入意见领袖的宣传引导中，可以通过为其提供产品程序参观、样品免费试用、售后服务体验等线下活动，让意见领袖为产品写图文并茂的软文。经过这样形象生动的展示后，便形成了产品口碑，再选取部分成员参加线下体验，以此引起广泛关注。

△ 借机炒作

首先需要澄清的是，炒作要以事实为根本，以法律法规为准绳，切不可进行无下限的恶意炒作。这种方式也需要意见领袖撰写软文，通过发表文章、回帖、交流互动等多种方式，激发有效的信息传播。在此基础上，要建立必要的预防手段，掌握好炒作的尺度，学会在事件传播后期适可而止，切忌进行无休止、反复炒作，这样会适得其反，达不到营销目的。

87. 活跃的社群，才有价值

微商心语

社群的活跃程度，决定了社群价值大小。社群营销，当选活跃度高的社群。

相信每个社群在建立之初，都希望能够保持持续的活跃度与生命力。然而，多数社群在度过开始时的新鲜期后，迅速跌入了分崩离析的状态，退群、潜水、沉睡层出不穷，成为名副其实的“死群”。

保持社群的活跃度，让社群能维持正常运转，成员之间各司其职，这其实是在给社群创造无形的价值与财富。社群有价值，就能够为社群营销创造良好的条件，成员们才能更好地享有社群带来的馈赠。

活跃社群的特点

通过深入调研，我发现活跃的社群都有一些共同特点，一方面成员们自觉性较高，他们都会自觉遵守社群规则，每个成员的角色定位明确，相互之间配合默契，能够共同完成一些活动任务。另一方面，定期组织社群线上线下活动，如定期讨论话题、线下互动聚会等集体活动，增进社员之间的相互了解，提高社群整体执行力、凝聚力和归属感。此外，活跃的社群还具有较高的价值认同与情感维系，成员之间都有比较相似的社会经历与阅历，有共同的价值观、兴趣爱好，社会认知趋同。

活跃社群的价值体现

社群中，每个成员都有着自己的社会资源，也都有自己熟知的领域，尤其是那些意见领袖更是如此。活跃的社群能够很好地调动每个成员的积极性，并将成员能量很好地结合在一起，成为一种无形的巨大价值。

△ 优化资源配置

社群本质上是一群志同道合的人的集聚之处。它通过成员之间的互动沟通、相互认知，彼此自带的社会资源便会高效凝聚，并不断地衍生出新价值，逐步形成一个充满活力的多样化动态之群，使相互之间的资源利用率更高。比如，有一个汽车配件公司，用半年的时间创建了一个“车友之家”的社群，吸引了3万多车友和上下游各类企业，每年定期组织活动，在这些社群活动中，消费者与生产商、行业专家、企业实现了深度互动，实现了各种社会资源互通有无，优化了资源配置。

△ 降低运营成本

企业进行传统的广告媒介宣传，投入成本高。活跃社群作为一种“活”的广告体，有着开展精准宣传、实现高效营销的天然优势，活跃社群的营销，通过意见领袖、社群代表们的产品体验、售后服务体验，激发更多成员来进行免费体验，以此带动更广层面的宣传，便能省去传统广告投放的大部分成本。比如前几节中我提到的户外运动装备营销，就是先组织部分社员免费体验，再分期分批组织其他社员免费体验，然后发挥人人都是内容传播者的优势，取得了很好的传播效果，也节约了大量的广告费投入。

△ 提升经济效率

运营成本的降低意味着经济效率的提升。活跃社群凭借其超强的凝聚力、成员之间的互动沟通，最大限度地降低了企业产品广告支出、人力资源支出等资金消耗。同时，活跃社群还能从改进产品服务、提高营销针对性等方面给出合理化建议，全面提升企业的运营效率。比如一个生产汽车坐垫的知名企业，在几个活跃社群开展营销，收到了许多成员提出的完善产品建议，然后进行产品改良加工，投入市场后效果十分理想。

88. 社群活动的规划

微商心语

有目的、有计划地开展运营社群，是社群活动高效开展的关键。

我国有两句古语，对我们当今的社群活动有很好的借鉴意义："凡事预则立，不预则废""工欲善其事，必先利其器"。说的都是在干事情之前，要有明确的目标，只有预先做好了安排和规划，才有可能取得成功。

在我的公众微信号"企业管理营销研究室"中，我曾讲过，开展所有的微商活动，必须要有一个完备的、成熟的规划方案，当时还就这个问题与学员进行了探讨。毋庸置疑，系统地规划能让社群活动取得理想的效果，那么如何进行社群活动规划呢？从目前来看，至少包括有效选择产品结构、活动时间、活动形式、活动产品等四大步骤。

产品结构的选择

产品结构的选择，是一个大方向的问题，这是迈出社群活动的第一步。在产品结构选择上，不能单纯地看重产品当前的利润空间，而也要对产品的市场前景、厂家的营销策略等隐性因素深入研究。一方面，确定重点利润产品，维护好核心品牌；另一方面，选择社会认可度高、信誉良好的大众化无利润或微利润产品，重点做好服务集聚人气，加速产品传播率和知晓面，以此提升小品牌产品的渠道忠诚度。随着社群活动受到的关注越来越多，这两点必将成为今后社群营销的基本原则。

活动时间的选择

社群活动其实是可以分时间段的，我们要学会高效利用各种时间段，统筹规划，将各个时间段效益最大化。一般来说，上午是大家上班时间，适合推动各种新闻早报，成功经验等干货分享，再捎带上各种活动、话题预报；中午这段时间适合休息休闲，可以进行互动投票、自虐起哄等活跃气氛，总体就是要有参与感；晚上是黄金时间，要高度重视，适合深度话题讨论，结合新近热点话题，引导全体做深层次探讨、交流，可以是帮助群内的某个用户解决实际问题，也可以是集团内测等。睡前这段时间，可以来点儿心灵鸡汤或是暖心阅读，以净化心灵。

活动形式的选择

社群活动可以充分提高社员积极性，有效引导社员参与某项活动。

社群活动一般可分为线上、线下两部分。在线上，需要意见领袖发起话题讨论，然后激发社员集体讨论互动，还可以由社员分享某个观点、心灵鸡汤等，引导每个社员畅所欲言，最后形成极具价值的观点。在线下，社群活动呈现更加丰富多彩的形式，通过结伴郊游、亲子游戏、节日派对、周末沙龙等形式多样的零距离接触交流，将线上虚拟关系变为现实中的面对面交流，从而增强社群成员黏性，提高社群成员的认同感、归属感和凝聚力，效果更加明显。

活动产品的选择

开展社群活动必须要有产品思维，通过精心选择活动产品，可以迅速打开活动局面。反之，那些脱离产品、纯粹以吸粉为目的社群活动是断然不可取的。选择那些质量好、市场认可度高、有市场前景和推广价值的活动产品，就能够提高产品用户精准度，能够得到用户最有价值、最接地气的意见、建议。在选择活动产品时，不仅要与社员互动，也要适当设置一些奖品，让社员得到多重收获，与社员保持紧密的联系，挖掘社员需求，这样可以有效提高社员活跃度与黏性。

89. 社群营销的沟通技巧

微商心语

社群营销中进行有效沟通，通过互动信息交流，从而达成共识实现产品营销。

现代社会，沟通成为一门不可或缺的交际艺术。对于社群营销而言，如何与用户进行有效沟通显得尤为重要，很多时候，真正决定产品成交的恰恰是沟通。在我的公众微信号“企业管理营销研究室”中，我与学员们对如何沟通进行了深入探讨。很多人问我如何取得社群营销的最优效果，我随即告诉了他们一些营销技巧，但效果依然不佳。后来，我深入分析对比了上百位社群营销者的失败案例，才发现虽然他们的方法很正确，产品质量及售后服务都很好，社群领袖也不遗余力地参与其中，但在最容易被忽视的沟通环节出现了这样那样的失误与瑕疵，最后导致社群营销的失败。

看来，要想社群营销获得最优效果，必须要掌握必要的沟通艺术。下面，我从五个方面来与大家一起探讨社群营销的沟通技巧。

立品立心，尽心尽言

立品立心是为人处世的根本，也是社群营销的基本准则。营销者不能自视过高，认为成员水平浅薄而轻视成员，也不能不关心成员们的实际困难，学会时时处处为成员着想。同时，因为销售者对产品的优缺点、产品投放量等有清楚的把握，所以也要尽责任地向成员说明这些信息，做到以诚待人。

勤于宣传，避免懈怠

社群营销，最关键的是勤恳，不可懈怠松弛、拖沓扯皮，否则会降低成员对产品的认可度，将辛苦保持的产品形象毁于一旦。社群营销过程中，有时一件不起眼的小事，如果得不到营销者的及时回应与处理，就可能引起许多不必要的后续连锁反应。所以，要坚持当日处理成员们关于产品方面的所有问题，无论是质疑、提问、职责等都要一一回应。

示人以信，掌握民意

但凡营销必须要讲信用。如果营销者自己失信，就会造成营销工作的极大被动，最终可能导致产品滞销。社群营销中，要时刻以诚信示人，不能做片面的夸大虚假宣传，要本着对成员负责、对产品负责的严肃态度来对待。此外，由于成员们个人情况都不太一样，营销者必须要虚心体察询问，了解成员偏好习惯、购买意向。在此基础上，就可以有的放矢，调整营销策略，改良产品类型，提高营销针对性、有效性。

耐心解答，谨慎言行

对于营销者而言，一方面不可随意乱发言，乱发言不仅耗费时间精力，也易导致言多必失，要将发言多用在引导产品话题讨论、激励成员购买等方面。另一方面，要耐心解答成员疑问，解释要简明，逻辑性强。当需要解释细节时，应避免不痛不痒的细节，该展开的一定要展开，该简洁的一定要简洁，尤其在向客户推荐时，不能吞吞吐吐。同时，要尽量多使用简单语言，避免太专业的术语，避免不必要的差错和歧义。

激发兴趣，及时跟进

通过以上几个步骤，我们对成员的爱好、偏向都有了基本了解，在尽量满足成员基本需求的基础上，综合推荐产品试用免费体验、产品购买零风险等多种优惠政策，进一步激发他们的购买兴趣和消费欲望。在成员购买决策过程中，针对他们的顾虑与犹豫，需要营销者及时跟进，快速打消他们的疑虑，解除其后顾之忧。不要轻视这个环节，通常来讲，它会占到成交因素比重的50%，一定程度上左右着最终的营销效果。

90. 悬赏传播，有效裂变

微商心语

悬赏传播，能够快速优化、集聚资源，产生传播裂变效应，是社群营销方式的有益补充。

在社群营销中，经常会出现在一个群或几个群都无法取得预期效果的情况，这时候就需要借助一种非常规、更便捷的传播方式——悬赏传播来解决。悬赏传播，就是将需要宣传的产品信息、活动预告等公开在社群里，通过有偿的方式寻找有能力解决问题的成员或团队。悬赏传播能打破地域、时间、工作方式的限制。由于不同社群中汇集了大批各个社会行业有技能、有资源、有知识的成员，这样便成为一个移动更新的知识宝库，它解决了社群营销对各种疑难问题有偿服务的问题，从而极大提高了传播效率。

诚实信用是前提

互联网时代，信用就是产品的生命，对于悬赏传播同样不例外。网络传播中若用劣质产品做宣传，便会对产品品牌造成不可逆转的影响。要想悬赏传播取得好效果，被成员所接受，就必须诚实守信进行悬赏营销活动。通过成员体验、线下优惠活动、免费赠送等形式，在派发奖品时真实地反映出活动的可靠性和诚信度。同时，要预先设定数值目标，这样才能将悬赏传播持续下去。

应募条件是基础

在悬赏传播中，要设置必要的、略带柔性的应募条件，如让成员填写姓名、职业、住址、联系方式、家庭成员等详细信息，或者采取最简单明了的提问方式，让成员提供一些简要的、不涉及个人隐私的个人资料。这些应募条件可能会引起成员们的反感与抵触，需要准备一定数量的礼品，通过“填写资料送礼品”打消成员疑虑。此外，采取成语接龙、有奖竞猜等带有趣味性与娱乐性的应募条件，让成员们在娱乐中完成设定目标。实践证明，在悬赏传播中加入这种应募条件，会取得很好的效果。

悬赏方式是关键

在悬赏方式上，可采取组合式、分散式、集中式等方式，将有吸引力的商品与低价免费商品按适当比例搭配，将优惠券和试用品赠送给那些没有应募到的成员，实现各得其所、各有收获，留住潜在客户。同时，还应该掌握“留余”的道理，即悬赏条件最好不能让应募者“全员当选”。在营销领域，“全员当选”总给人一种低档次、搞平衡、拉郎配等负面影响，所以在悬赏方式设置上务必要注意这点。

悬赏时机是重点

悬赏传播不是一阵风，而是长期持续的过程。掌握悬赏时机，要学会抓住敏感时间点和商品热销期，在那些关注程度高的商品销售旺季时，将其作为少量的悬赏礼品，就能引起成员们的兴趣，达到悬赏传播目的。此外，要创造一切机会与应募者多次接触，增加成功概率，力争将潜在客户培养为应募者。

过程细节是补充

细节决定悬赏传播的成败。这些过程细节包括制订悬赏目标、对落选者跟进服务、管理好成员个人信息等。这些细节看似平常无奇，但如果麻痹大意，就会影响悬赏传播效果。在制订悬赏目标上，要实事求是、量力而行，不额外增加悬赏成本。在对落选者跟进服务上，要特别注意，与他们持续保持沟通互动，将他们培养成潜在客户。在对待成员个人信息上，要谨慎细致、认真对待，维护成员的个人隐私信息不流失、不外传，这也是每个企业应尽的责任与义务。

91. 如何确定社群“管理员”

微商心语

对社群管理人员的结构进行科学设置，让更多的人参与到社群管理中来，才能把社群做大做强。

俗话说，麻雀虽小，五脏俱全。对于一个社群而言亦是如此。社群就是一个小的社会，成员千差万别，要保证社群很好地运营，就需要一套科学合理的管理结构。这套管理结构的核心说到底还是“人”，对于那些运营合理规范、考虑长远发展的社群，就必须要让更多的成员参与到社群管理中来，这就意味着要对社群管理人员的结构进行设置。

从我对社群的长期研究来看，很多社群管理人员的权利义务不清，甚至推诿扯皮；管理员的选择失当，对管理员后期的培养不到位。要想合理确定社群管理员，必须从以下这三方面入手。

确定管理员权利及义务

一个规范的社群，也是对群管理员的权利义务有明确规定的社群。管理员要接受全体成员的监督，杜绝滥用群成员赋予的管理职权的现象，对成员的投诉、意见建议、质疑等给予及时答复和处理。同时，管理员还负有引导成员讨论的义务，要在遵守相关法律法规与社会道德的基础上，激发成员参与热情，设置讨论话题，引导成员开展互动讨论，或积极组织各种线下活动，全力维护社群形象，增强社群吸引力。

精准选择管理员

社群管理千难万难，难在社群管理员的选择上。无论是何种社群，管理员的选择都要遵循两个标准：责任意识与分工意识。

△ 责任意识

就是选择的管理员必须要有责任心，要有维护社群的责任感和主动承担服务工作的意识，并能结合自己的专业特长，积极配合运营人员做好一系列的社群运营事宜，包括日常维护、组织线下活动、处理社群危机等。

△ 分工意识

不同社群虽管理岗位有多少之分，但都有一些基础管理岗位，比如社群宣传委员，负责社群通知、活动内容的编辑与发布；社群策划委员，策划组织线上线下活动，活跃社员联络感情；社群协调委员，负责处理成员矛盾、正向引导社群交流的方向等。对于这些基础岗位，必须明确专人负责。

建立管理员培养机制

建立管理员培养机制，根本目的是激励管理员更好地协助运营社群。要采取分层分类设置，既突出重点，又覆盖全面，形成"梯队式"的培养模式。在培养模式上，要形成一套长效培养机制，如管理员发展动态机制、管理员培养机制、管理员保障机制、管理员考核机制、管理员管理机制，实现对管理员的动态管理，使社群管理员结构更加合理、成规模发展。同时，强化激励引导，设置合理的利益分配，在经济利益上给予适当倾斜，通过给管理员社群的销售提成、可以免费享受一些社群产品、服务等方式，全面激发管理员整体的内在活力。

第十章

营销工具：用好工具强势营销

92. 图文排版编辑器

微商心语

用好图文排版编辑器，不仅能够提升用户的阅读体验，对商品营销也有很好的宣传作用。

当一篇图文并茂、错落有致、优雅精美的软文在微信、QQ、微博上出现时，我想所有的人都会被吸引过来，哪怕它卖的产品不是我们所需要的，但我们还是会情不自禁地多看几眼。在微商营销中，软文是否吸引人、产品质量是否过硬很重要，但图文排版编辑器的作用同样不可忽视。图文排版编辑器是微商营销的外在表现形式，直观地反映出营销效果的优劣。

可以说，用好图文排版编辑器，掌握其中的编辑技巧，对于增强营销效果是大有裨益的。所以，学会图文编辑的技巧，能够提升视觉美化效果，瞬间拉高软文品位，吸引更多读者，进而提高营销效果。

图文标题

前面我已经强调过，题好一半文，标题是文章的第一印象，是整篇软文最直观的反映，也是映入浏览者眼球的第一兴奋点，要特别重视标题的作用。软文的标题最好能控制在一行以内，字数为 13 ~ 15 字，因为超出后会自动换行，影响阅读连续性。此外，标题应该尽量简洁明了，减少特殊符号的使用，形成自己的风格，提高用户的阅读黏性。

我将图文标题总结为六大类：直观式、引入式、发问式、建议式、陈述式、隐含式。各类标题各具特色，需要采用哪种形式，应根据文章内容而定。

图文封面

人靠衣装，美靠亮妆，图文封面就是软文营销的脸面，要做到精致美观。在图片选择上，务必要根据文章主题去寻找，不然就会图文“两张皮”，不伦不类。图片要尽量简单大方，衬托文章内容，不能喧宾夺主，必要时还要对图片进行简单的剪裁修饰，与产品品牌相契合。

需要强调的是，通常首篇文章的图片分辨率是 900×500，次篇文章图片分辨率为 500×500，要掌握两篇文章的用图要求，以免精心挑选的图片不匹配。此外，当分享微信文章时，页面会对分享文章的封面图片进行自动压缩，预览图片仅保留封面中间正方形内容，所以要将封面图片重要信息放在图片中间部分。

正文排版

△ 正文标题

正文标题的字号一般用 18 号，短小精悍，颜色鲜明，让浏览者一目了然。如果标题太长，可以改成主标题配副标题的形式，主、副标题字体、大小要区分开来。

△ 正文字体

为提示浏览者，更好地指导阅读，要对重点文字加黑或用彩色字体标记，但正文字体颜色尽量保持一致，最多不能超过三种，不然会影响正文整体阅读效果。

△ 字体排版

正文的字号最好使用 12～16 号，以 14 号最佳，正文字体、字号不宜超过三种。

△ 正文段落

段落行间距通常以 1.5 倍为宜，上下段落之间间隔一行，文章段落尽量不要超过一屏幕，并适当配以简单的图片，缓解大段文字带来的阅读疲劳，让浏览者拥有更好的阅读体验。

常见编辑技巧

正文配图时，要尽量选择质量较高的图片，并且要与文章整体颜色、风格保持一致；正文文字排版时，要尽量避免整屏文字的出现，可在文章中间添加小标题，或用间隔符来进行内容划分，还可以添加图片，总之要增加阅读趣味性和文章美观度；在使用模版时，要尽量与文章风格和产品品味保持一致，避免风格混搭，不伦不类。

93. 场景编辑器

微商心语

对于微信营销而言，我们只需使用场景编辑器的常规方法即可，力求起到锦上添花之功效。

从事微信营销的人，对于场景编辑器总不会陌生。一直以来，有很多学员向我诉苦，他们大都不太会使用场景编辑器，可又担心会减少文章趣味性与吸引力，导致营销效果打折扣，我也告诉过他们一些场景编辑器的简单使用方法，并总结了一套基本技巧。事实上，场景编辑器就好比“鸡肋”，食之无味、弃之可惜，对微信营销而言，能让软文好上加好，对营销起到锦上添花的作用。下面，我从三个方面对场景编辑器的使用方法进行详细解读。

基本技能

这项基本技能就是场景编辑器的常规操作方法，实用性很强，也比较简便易学，只要能掌握这项基本技能，就能应对软文编辑过程中的常见问题。基本技能分为四个步骤：

△ 新建场景

下载安装“场景编辑器”后，双击打开快捷方式，选择“创建新的场景工程”，就可以看到“场景编辑器”的主界面。

△ 打开场景

场景保存后将生成一个以场景名命名的 qse 类型的文件，直接双击这个文件，就可以打开该场景。双击桌面快捷方式，在提示中选择“打开已经存在的场景工程”；或者在打开的“场景编辑器”的主界面中选择“打开”，然后找到之前保存的 qse 类型的场景文件即可。

△ 场景生成及查看

在场景编辑器中提供了预览功能，但预览仅限在场景编辑器中观看，如果想将该场景最终应用到 QQ 或微信上，就需要用到“场景生成”这个功能。在选择“生成”以后，还需要启动 QQ 或微信，就可以在场景列表中看到这个场景并选定。

△ 场景打包

为方便将制作好的场景上传，场景编辑器还提供了场景“打包”的功能，可以自动生成 .cip 格式的安装包，包含了场景安装时所需要的全部文件，无须另外压缩就能直接上传。同时，所有 .cip 格式的场景可以通过双击直接安装，安装完成后，该场景直接出现在 IM 窗口的场景列表中，可以直接选取，无须再次“更新场景列表”。

加强技能

这项技能主要指背景部分的制作，包括背景属性设置和图片属性设置两大环节。背景属性设置包括：声音、尺寸大小和在该场景的 IM 窗口中各部分文字颜色的设置等。此外，针对文字颜色的设置，场景编辑器还提供了“预览”功能，可以随时查看修改了颜色之后的效果。在图片属性设置上，仅可以设置背景的颜色，为了场景更生动丰富，还可以在背景中添加一张或者多张图片。

高级技能

场景除了包括背景之外，还可以添加动作，这就是高级技能。一般来说动作主要是指在场景中我们为部分图片制作的运动轨迹，或者将动态图片添加到场景中显示出来等。这项技能主要包括添加动作、动作属性设置、图片属性设置、时间轴区域设置等环节。由于此技能使用较少，不要求微信营销者掌握。

94. 微店运营营销策略

微商心语

微店运营营销，关键要掌握“四情”，推送优质的内容信息，才能让微店保持高的活跃度和互动性。

移动互联网时代，在“互联网 +”概念引领下，微店营销不是“等风来”，它破除了传统线下零售门店流量低、商品传播途径少等顽疾，引领了新的营销时代潮流。事实上，微店与传统线下店铺相比，缺少品牌影响力和产品固定购买群体。所以微店应该将微信作为品牌推广营销的根据地，学会掌握“四情”，扩大产品影响力，寻找精准客源，实现微店营销效果最优。

吃透“上情”定方向

要搞清国家关于宏观经济的决策部署和政策措施，以及上游生产厂家的产品政策变动，这些信息具有全局性、普遍性和指导性。微商们应加强关于“上情”政策的研究，准确把握和理解“上情”精神，并以此作为微店运营营销的指导思路。如果大方向错了，即使营销方案做得再细致、投入精力再多，微店也必然走下坡路。

比如中部某省份城市一家从事化工稀料生产的企业，在微店运营上投入了极大精力，通过免费试用推送、线下体验等方式，打开了销售局面。就在销售刚有起色时，城市开展环境整治行动，迁移、关停中小化工企业，令这家企业损失惨重。这就是没有对政府相关政策进行研究的教训。

摸清“下情”打基础

要了解下游消费终端——消费者——的情况，必须全面掌握和深入分析第一手资料。只有充分了解、熟悉消费者的实际情况，才能避免微店营销成为无源之水。收集消费者信息可以采取多种形式，如从社群中收集、从销售业绩中研判、与其他同类微店对比分析等。无论采取哪种方式，收集时都要注意判断得到的信息是否真实准确，防止出现偏差。

比如一家米皮店，通过对周边消费群体的分析研判，发现周边多是上班族，午饭以简单快捷为主，晚餐以可口休闲为主，针对这种特点推出了午餐加微信优惠、扫二维码赠送凉皮，在微信上推出晚餐可携带的裹凉皮，推出后该店几乎天天爆满。

把准“内情”理思路

在吃透“上情”、摸清“下情”的基础上，找准两者的结合点，从本产品、本行业、本店实际出发，全面总结微店运营的成绩与经验，准确查找营销存在的问题与不足，理性分析面临的机遇与挑战，确定今后运营营销的思路与重点方向。同时，要找准本店、本产品定位，从平常销售、社群营销、优惠活动中梳理总结销售趋势。

比如一家直营进口食品的商店，通过微店月销售额对比、季度利润分析、热销商品趋势走向、淡旺季日购买量等数据的分析，参照对比上年同时期销售情况，决定调整进口食品主营方向，将原来的主营牛奶改为主营饼干糕点，并在微店公众号中大力宣传，销售业绩迅速提升。

学习“外情”拓视野

要加强与本行业、同类型微店的沟通交流，了解学习同行好的经验做法。此外，还应开阔视野、拓展思路，从本地区不同行业、不同层次的微店中汲取智慧，为自己所用。

比如中部某省份三线城市的一家经营健身器材的微店，前期运营效果一直不佳，后来通过对相邻城市的相同微店进行考察学习，汲取了重视老年人与儿童市场的好经验，又学习武汉、南京等大城市微店做法，开阔了思路，大力开发老年、儿童市场，取得了明显成效。

95. 微商辅助软件工具

微商心语

微信营销需要微商辅助软件的添砖加瓦，成功的微信营销必然是运用辅助软件的典范。

“工欲善其事，必先利其器。”先进工具永远是工作取得成功的助推器。在微信营销中，微商辅助软件也很重要，它通过整理订单、批量添加微信好友，自动推送微信营销信息以及自动点赞等全方位的管理，为微商节省大量人力成本，极大提高微商的营销能力。

微商辅助软件工具，就是帮助微信更好运营管理的一系列软件工具，它们绿色免费、简单好用、操作方便、功能强大、性能良好，是微商运营不可或缺的要素。

实用工具——零基础易学

这里简单介绍几款简单的工具，这些工具专为微信新手提供，简单易学，操作十分方便，是不可或缺的实用软件。

△ 微商头条

微商头条关注微营销，通过微信营销创业动态，为各地拥有正能量的人士提供微商代理、微信公众平台、O2O 创业的相关信息，还能指导个人经营微店和运营公众平台。微商头条是目前自媒体平台里活跃度最高的，不但通过兴趣推荐来摆脱不感兴趣的内容，而且文章评论后分享到社交网络的功能很先进。

△ 微信猎手

微信猎手是一款微信好友管理辅助软件，能在极短时间内找出已经把你删除的好友，然后将其筛选和标记出来。同时，还可以快速增加好友数量，能够从根本上解决人脉紧缺的问题，并支持备份、导出自己的好友微信号，以防账号丢失，与朋友失联。

△ 爱微帮微信电脑助手

这是一款在 PC 上使用微信的轻量小工具。自 1.0 版发布以来，以其在电脑上高效率聊微信、常驻托盘图标、实时消息提醒、内嵌公众账号导航等特性受到微信用户欢迎。而最新的 1.1 版本主要新增了自定义聊天背景和手机电脑文件互传功能，进一步增强了客户端的个性化和实用性。

常规工具——高起点助跑

这几款常规软件是微商们经常要用到的，能帮助其节约时间、提高效率。

△ 微信记录导出助手

微信用的时间久了，消息太多而没有及时删除，便会导致内存增多，运行速度降低，打开后很卡。使用微信记录导出助手，可以快速导出历史消息，提高手机运行速度。

△ 微商截图神器

微商截图神器是以收款截图为主的截图制作软件，支持支付宝、微信等截图，功能非常强大实用，在日益火爆的微信圈里，微商截图神器是为了让微商们更好地晒单营销。

△ 微信投票助手

这是一款专门的投票刷屏软件，使用方便，界面简洁，适用于微信投票活动的微信投票软件，可以在短时间帮助选手获得大量的投票数，是提升微信人气的必备工具。

极简工具——成交加速器

这几款工具可以加速成交，让微信营销变得更加简单省时。

△ 微信 PC 营销助手

该软件操作简单，只需要运行软件等待二维码初始化成功再用手机登录微信账号，扫描成功后点击确认即可进入主界面。

△ 多客服

它是由微信官方推出的一款优秀的客户管理客户端软件，它能帮助商户在电脑上使用多客服接待。微信多客服客户端集聊天功能、消息记录功能、接待功能于一体，在微商和客户之间架起沟通的桥梁。

96. 微商收录导航网站

微商心语

微商收录导航网站的出现，极大地方便了微商更快捷方便地寻找到自己想要的微信公众号，促进了微商的快速发展。

自腾讯推出微信公众平台以来，微商导航网站如雨后春笋般涌现，目前数量众多，具有了极大的社会影响力。而与此同时，微信公众号的查找，也面临着极大的难度和挑战。由于微信公众平台的特殊性，作为微信手机平台的使用者来说，寻找到适合自己的微信公众账号并不容易。目前国内微商导航网站众多，下面我简单介绍几款知名度较高、微商反映较好的网站。

微信啦

微信啦于 2012 年 12 月正式运营，经过近四年的运营完善，微信啦目前已经逐渐成为微信第三方公司中的领导者。微信啦始终致力于做微信第三方综合服务平台，主要包括：微信公众号的建设与认证、微信代运营服务、微信托管、微信推广营销、微信导航、微网站建设、企业网站整合营销、微信互推、微信大号推广、微信免费第三方服务平台等服务。通过微信啦，企业宣传自己的品牌，提高自己产品销量；个人可以更好地推广运营微信账号；微信爱好者可以找到自己想要关注的账号，了解相关信息。

微信聚

微信聚是以发布、展示及微信用户订阅为目标的微信导航网站，致力于打造最权威的微信公众导航平台，网站中汇集了最优秀的微信公众信息资源。微信聚及时更新收录娱乐、文化、名人、明星、企业、汽车、财经等分类的微信二维码信息，让用户的手机微信网络生活更简单精彩。微信聚根据各行各业进行分类，娱乐明星、知名企业、动漫搞笑、游戏星座、时尚生活、文化阅读等功能进行分类，同时也可以按照地区来进行分类，方便用户根据自己的需求进行关注。此外，微信聚推出微信搜索功能，可以根据微信账号关键词、微信 ID、微信公号、QQ 来进行搜索，可以提供自动匹配功能，类似常规搜索。

微信公众号导航

微信公众平台导航设置了行业分类查找以及地域分类查找的功能，同时具备精准搜索的功能，实现了一站式微信搜索定位功能，能够极大地方便微信用户方便快捷地找到自己需要的微信公众账号。同时，它针对每个微信公众账号提供了微信号、微信原始号，以及微信公众账号二维码，无论是手机二维码扫描和手动输入，都十分方便，这样一来，微信用户无须四处挖掘，即可轻松地找到自己所需的微信公众账号。

微信公众号大全

微信公众账号大全，是专注于微信公众账号普及和推广的微信导航网站，通过用户提交方式收集了大量优秀的微信公众账号。每月收录各种微信账号上千个，平台向所有公众账号免费开放。网站及时更新收录新闻、红人、明星、语录、趣玩、时尚、生活、健康、旅游、影音等分类的微信二维码信息，让用户对微信公众账号的查找关注更简单方便。在该网站，所有公众账号都可以免费提交，后台可以看见审核状态，一般审核时间是 1 ~ 2 天完成，成功收录即可展示到网站首页或相关分类中。

97. 微信群收录导航网站

微商心语

微信群收录导航网站，让微信营销变得更简单。

微信群导航是现在新兴的一种导航网站，主要是提供微信群、二维码、微信公众账号、功能等一系列微信账号信息查询的微信群导航平台。它涵盖品牌会、微推荐、微营销等平台服务，聚集了大家关注度高的焦点新闻、品牌渠道、特色专题等资讯，并发布最新、最接地气的公众平台，整合微商人切实需要的资源。下面，我重点向大家介绍几款微信群收录导航网站，以供参考。当然，微信群收录导航网站绝不止这几款，更多的还是要靠大家在使用中发现和摸索。

96 推微商网

96 推微商网是国内最优秀的微商网站之一，核心业务涉及微信公众号推广、微信号推广、微信互粉、微信群收录、发布等，目前日均访问量（IP）超 25000 人 / 天，浏览量（PV）超过 30 万 / 天，新访客超过 70%，在 96 推微商网站投放广告及推广，可以让推广更加有效，性价比也比较高。

91 微信群分享

91 微信群分享是专为微信营销提供免费微信群共享的网站，主要通过宣传个人微信、群加好友、发布微信群、提供货源、发布货源等方式，为微商们创造完美商机，互惠互利，合作共赢。此外，该网站还提供最新的微商资讯，最实用的微商实战攻略，还推广各种运营技巧，为微商之路打好辅助。

微信群大全

微信群大全是全网最大的微信群资源聚合网站之一，满足多加微信好友、宣传微信群、寻找客户等不同层次的需求，打造最专业的微信相关产品宣传推广。目前网站日 IP 超 35000 人次，PV 超 60 万，致力于吸引更新更多高质量的微信群，带来更多粉丝，创造更大的价值。

微信群查询

微信群查询平台收录各地区的微信群，吸引源源不断的微信好友加入，致力于为客户做最好的微信群导航平台。该网站主要有品牌推荐、最新微信群、微信货源、个人微信、微信营销等板块，并保证微信群查询每天不定时更新 50 个群以上。此外，该网站所有微信群二维码均为用户提交，只是将微信群资源聚合在一起，不对内容负责。

微盟 123

微盟 123 拥有优秀微信货源供应代理招商平台，知名微商联盟网站成员，集合众多优秀微商与一手货源厂商，着力打造属于品牌招商和创业者之间的平台。该网站为微商们提供最全面的微商品牌、货源信息，以及来自全国不同地区不同兴趣的微信群二维码，帮助更方便快捷找到用户招到代理，同时为想做微商的个人提供专业的微商培训课程和学习资料。同时，微盟 123 坚决抵制发布个人微信二维码等不属于微信群的信息，坚决抵制质量不高的刷屏用户，认真甄选出微信群平台，并根据用户需求选择微信群，为微商们提供了可靠的服务。

98. 微商第三方服务平台

微商心语

微信第三方服务平台，能够帮助微信的公众平台发挥最大价值，开启了微商营销新格局。

随着微商突破传统零售的纵深发展，微信第三方服务平台应运而生。所谓微信第三方服务平台，就是致力于为微商提供全方位电商解决方案的平台，它通过社会化分销模式帮助企业搭建全新的微电商销售体系，实现线上线下互通，助力微商高效精准营销。

目前，社会上对微信第三方服务平台的态度褒贬不一，这主要是由于它快速发展导致的质量良莠不齐造成的，但因为市场前景广阔，需求仍十分旺盛，尤其是那些有优势和特色的微信第三方平台开发服务商将会受到大众追捧。下面，我们将从三方面来认识微商第三方服务平台。

微商第三方服务平台的功能特点

据统计，目前网络上的微商第三方服务平台多达两千多家，它们各具特色。我经过深入总结，一般都具备以下三个特点。

△ 功能齐全

研发平台具备丰富的实用功能，如产品库管理、订单管理、支付管理、营销插件、客服中心、数据分析等具体功能，满足不同微商和企业对商品推广营销的多样化需求，并且使微商们能够便捷操作、灵活管理，相比淘宝店铺和普通微店优势明显。

△ 团队专业

它们都由专业的核心科技团队组成，引领着微信研发领域的技术与潮流，既能为商家提供优质技术服务，也会根据客户对功能的需求进行开发和更新。特别是在后续技术服务方面，更注重应用平台的技术升级和功能开发。

△ 营销推广能力强

有没有营销和推广能力是衡量微信第三方平台优劣的关键，多数微信第三方平台能够根据微商们的需求提供丰富的营销案例和技巧，以帮助微商们成功借助平台进行营销。

微商第三方服务平台的选择使用

全民微商时代，选择使用一个信誉良好、适合自己的微信第三方平台，是大势所趋，也是营销成功的助推器。在选择使用上，重点要考虑以下三点。

△ 功能至上

平台功能优势要强大突出，每一个功能都可以帮助企业做营销推广。同时平台应具有静态页面导航、H5 页面等功能，以满足企业需求。

△ 团队优先

可以说，运营团队就是整个平台的生命力。第三方平台的研发团队是否具有开发能力，运营管理团队是否具有丰富的实战经验，这些是关键因素。因为，开发只是一个功能呈现，事实上这些功能的实现，还是靠运营团队的操作。

△ 服务完善

保障服务至关重要。后续服务的跟进与增值服务是必须的，除了给微商们定制微网站、微商城、微功能建设以外，还要能够提供培训服务与后续咨询，以及能够及时、快速、高效地解决出现的问题。

微商第三方服务平台的发展前景

不可否认，微商第三方服务平台虽发展迅速，但缺乏有效监管、同质化严重、市场竞争力有限、缺乏品牌推广和营销能力等一系列先天弊端暴露无遗，微商第三方服务平台转型势在必行。不过从目前来看，微店第三方平台都已将注意力放在了有品牌背书的 B 端企业上，这种商业模式的演变，包括以巨额流量和免费政策吸引卖家进驻开店、对商户实行免费政策、对 B 端企业商户收取技术服务费和佣金抽成等措施。

可以预见，随着微商行业进入洗牌和重新整顿，一批有优势和特色的微信第三方平台开发服务商将会脱颖而出，第三方平台必将在微商的转型升级中实现完美蝶变。

99. 其他微商运营工具

微商心语

微商运营工具，涵盖运营工作的方方面面，对于创业者和从事产品运营工作而言十分受用。

作为微商，选择一些绿色实用的工具与知识，可以极大提高工作效率。在我的公众微信号“企业管理营销研究室”里，经常会收到关于如何选择微商运营工具的提问，同时也看到一些微信运营成功者分享推荐的运营工具。最近，我在网上看到很多微商运营工具的推荐，可是微商们对这些自许高端前沿的运营工具反应平平。经过深入分析，我发现市场上微商运营工具种类繁多、质量参差不齐，对消费者形成了误导。

为此，经过与业内人士交流，在综合各类意见的基础上，在这里，我向大家推荐几款实用、简便的微商运营工具，希望对大家有所帮助。需要提醒的是，目前微商运营工具很多，绿色实用的也不仅限于我提到的这几款，很多需要大家在实践操作中发现。

实用型工具

△ 微卖

微卖是一款手机应用，是以社交网络为传播媒介的商品售卖平台。任何人都可以方便地使用微卖平台，利用社交信息共享的优势，安全有效地售卖各种商品。微卖主要是在微博里成交，所以支付宝付款十分方便，可以直接分享到微博里，同时有 APP 端，在各大应用市场可以下载。

△ 微信小店

功能设计在同行中领先，提供商品管理、订单管理、货架管理等功能，并开通了认证的服务号，成功认证后再开通微信支付功能后就可以无缝地接入第三方工具，比如有赞微店、拍拍微店、京东微店等。

△ 口袋购物 APP

它是一种独立的电商平台 APP，服务台很方便，不需要服务号和接口，只需要一个手机号，就可以实现订单管理、客户管理、促销管理。

技术型工具

△ 有赞微店

口袋通正式更名为有赞微商城，是一款强大的微信开店系统，也是零费用、零成本搭建的完整、强大的微商城。它拥有丰富有趣的营销应用、精准的数据分析、大流量定期专场活动、百万免费流量支持等一系列无可比拟的优势。有赞绑定微信或者微博公众号后，完全不需要再登录微信后台，用口袋通 APP 跟 Chrome 浏览器直接管理微信后台，非常方便。

△ 拍拍微店

拍拍微店自 2014 年 10 月正式运营，它突破了 PC 端开店的烦琐程序，能帮助传统企业“傻瓜式”开设和管理店铺。具体来说，微商们只需通过 QQ 号码登录 APP 就可进行编辑商品、店铺模板、查询订单、数据统计、提现等操作。此外，通过分销系统，微商们可将拍拍平台的商品放进店铺内代销，“销售完成后直接获取佣金返利，发货和售后都由上游供应商解决”，整个过程用手机即可操作。

专业性工具

△ 拍便宜

拍便宜是在移动端社交关系链上的团购新模式，用户对心仪商品下单开团，分享给好友一起购买，凑齐成团人数即可享受超低价；也可以开团当团长，拉上三五好友一起享受超值优惠；还可以参加好友的团，帮助小伙伴一起成团。目前，拍便宜可通过手机 QQ 二级入口进入，目前已经成为拍拍网最具特色的移动端产品。

△ 微社区

微社区是基于微信公众账号的互动社区，它广泛应用于微信服务号与订阅号，是微信公众号运营者打造人气移动社区、增强用户黏性的有利工具。微社区把公众账号“一对多”的单向推送信息方式变成用户与用户、用户与平台之间的“多对多”沟通模式，双向交流给用户带来更好的互动体验，让互动更便捷、更畅快。此外，微社区还首次把 Web2.0 的交互模式引入了微信公众平台，基于话题和共同兴趣，结合发帖和回复，在公众账号与用户、用户与用户之间的互动中共同完成内容制造和传播。

第十一章

营销禁令：微商营销“九不”

100. 不做三无产品

微商心语

不做三无产品，是微商营销的基本底线，一旦触碰，将自毁品牌、得不偿失。

用过微信的人想必都有这样的感受，打开微信朋友圈，各种“巨惠”“代购”“海淘”应接不暇。在各种微商繁荣的同时，却屡屡曝出微商销售产品质量差、图不符实，甚至出售三无产品、假冒伪劣产品的现象也时有发生，“微商营销”沦为“假货天堂”正在发生。

作为微商，我们当然要坚决抵制这种有违诚信、有悖道德、违反法律的营销行为。越是在微信营销迅疾发展时，越要守住微商的基本营销底线，不为一时的蝇头小利铤而走险、触犯法律。只有这样，才能保持我们产品品牌的长久生命力，才能使我们在激烈的微商营销中立于不败之地。

谨慎选择产品

三无产品一般是指无生产日期、无质量合格证以及无生产厂家，来路不明的产品，这些要求缺少其中之一，均可视为“三无产品”。《中华人民共和国产品质量法》中也对“三无”产品做了详细界定。

在微信营销中，面对某些热销商品、一件代发的商品，或价格明显过低、利润过高的商品，一定要擦亮眼睛，做个前期品牌调查，或向商家了解是否有质检报告。必要时先亲自做个商品体验，对产品的性能、特点、功效等功能特点进行全面了解。切不可盲目选择产品，盲目相信上家，一拥而上地选择代理。

拒绝无脑宣传

朋友圈作为一个很私人的圈子，是个人情感的维系与寄托，我们上朋友圈的初衷往往是想增强朋友的沟通交流、加深感情。所以，面对熟人圈，出于帮忙的宣传却有可能变成“无脑宣传”，导致朋友圈沦为“假货重灾区”。

在微信营销中，我们既要掌握好朋友圈亲密关系的尺度，做到相互诚实守信，又有责任鉴别产品信息的真假。谨慎转发传播产品信息，拒绝随意性、不加思考鉴别的无脑宣传，更要对那些虚假宣传的信息及时进行举报、投诉，消除三无产品的生存空间。

用心呵护信任

大家知道，我们的朋友圈微商是完全依托建立在熟悉、信任关系之上的，是以彼此之间的信任为纽带的。代理三无产品，不仅会撕断这根信任的纽带，让自己的信任者变为三无产品受害者，也会让微商走入万劫不复的地步。

所以，要用心呵护这种信任，不过量分享产品信息，不频繁刷屏，以免信任被透支。不沦为简单的信息搬运工，宣传的产品要积极向上、自带正能量，努力提升宣传内容质量。同时，在遇见三无产品信息时，号召朋友圈一起抵制，倡导网络打假，激发大家对自己产品的认同感。

提高法律意识

目前，我国还没有一部专门针对微商三无产品的法律法规，但这并不妨碍我们通过法律途径来铲除微信三无产品的生存土壤。

在微商营销中，我们所代理经销的产品须证照齐全、符合各项标准。积极遵守以产品品质为基础的合理营销活动，抵制虚假宣传和过度营销。自觉抵制销售假冒、仿冒、抄袭、侵犯知名品牌的产品及销售三无及违法违规产品，并通过线上线下方式进行举报，学会运用法律手段与三无产品做斗争。此外，还可以通过倡导建立完善的销售追踪和售后管理机制，进一步打击三无产品、假冒伪劣产品等。

101. 不“宰熟”

微商心语

微商营销是依靠“熟人关系”而进行的，要强化职业自律，维护好“熟人关系”。

全民微商时代，微信朋友圈的“熟人营销”现象越来越多，逐渐演变成了新兴营销模式，营销的产品无非是代购化妆品、护肤品、面膜、奶粉、奢侈品等。随之而来的是“宰熟”现象越来越多，并成为人们反感微信营销的主要原因。

据我的研究发现，微信营销“宰熟”主要表现在：相信朋友而购买其代理产品，发现问题后碍于情面而没有要求对方退货或赔偿，用户不再相信朋友圈里产品，拉黑做微商的好友。这是用户对被“宰熟”后的一系列行为反应，作为微商要高度重视这个行为反应，以此为戒，做到营销不“宰熟”。

提供优质服务

这是做到不“宰熟”的基础。微商营销是互联网上的虚拟交流，微商要通过这种虚拟交流，将自己真诚的态度表现在用户面前，将每一个用户当成潜在用户，在与用户互动交流中，展现我们的服务精神和专业素养。同时，对于营销过程中出现的产品瑕疵、非人为因素的产品缺损、非故意夸张的宣传，要第一时间去跟用户真诚沟通，自觉主动地承担责任，将用户由此造成的损失降到最低。

比如，我认识的一个经营保温杯的微商，由于员工在发货前没对杯子做细致检查，导致一个有瑕疵的杯子被卖出，此后他迅速免费寄出同款的杯子，并向购买者真诚致歉，最后这件事被许多用户知晓，反而增加了营销量。

找准目标客户

作为一名微商，必须抓住自己产品的特点，对自己产品适宜人群、层级有一个清晰明确的定位，根据产品定位来锁定目标客户群体，这样就能做到有的放矢，摒弃那种“撒胡椒面”“摊大饼”式的粗放营销，规避“宰熟”行为。同时，通过寻找共同价值兴趣、组织线上线下活动，定期开展话题讨论等方式，加强目标客户的凝聚力、认同感。

比如，我的一个学员经营婴儿食品，经常到各医院产房加待产妇女的微信，宣传婴儿食品，由于找准了目标客户，开展有针对性的宣传，销售额居高不下。

确保商品品质

做到不“宰熟”，保证商品质量是关键。要想真正持久地维持好客户群，必须要有自己的货源，能够把控商品的品质，对产品功能特点有很好的了解，不至于错误代理质量有问题的产品，损害目标用户的利益。微商要把更多优质产品展现在消费者面前，提供多样化、个性化的选择，让消费者有非同一般的消费体验。

比如，一位卖农副产品的微商，对产品质量要求极高，为保证农副产品新鲜不变质，他都会要求用户提前三天预订，有时宁愿不接单，也不愿冒产品运输路上变质的风险，产品口碑受到广泛认同。

留好销售凭证

在这方面，社会更多地强调消费者应留好购买凭证，事实上，微商们更应该留好销售凭证，保留相关交易聊天记录、买家姓名、所购商品等作为凭据，并一律配以正规发票，降低购物风险。这样做，不但是对自己负责，更是对消费者负责，在避免“宰熟”的同时，让消费者买得舒心、用得放心。

比如，一家经销厨具的微店，在这方面做得很好，并由专人保管，对于购买时间久的消费者要求维修或以旧换新时，该微店便会主动出示销售凭证，让消费者一目了然地知道是否在质保期限内。

102. 不闲聊太久

微商心语

与用户沟通要重点分明，掌握好度，既能完美表达意思，又能恰到好处适可而止。

微商营销，最重要的环节就是与用户沟通交流。交流得好，用户就会很快下单，提升产品品牌忠诚度；交流得差，不但交易告吹，还会给用户留下不好的印象，白白损失用户。所以，一定要掌握交流的尺度与技巧。

关于如何与用户交流的问题，我在微信公众号“企业管理营销研究室”里与学员进行多次互动探讨，我认为，最重要的是掌握好交流的分寸，不与用户闲聊太久。俗话说，饭吃七分饱，话说七分满，交流中做到适可而止。

从客户角度想问题

多从客户角度出发思考问题，换位思考，如果我们是客户，我们会喜欢怎样的服务，怎样的产品，什么才是我们真正的需求？变换一下角色，把自己当成是一个客户，就可以在短时间内获得和客户同样的心思。

很多微商的销售量高，并不是他们的运气好，也不是营销文案做得多有噱头，而是时刻从客户角度想问题。当与客户交流时，深入揣摩用户心思，掌握用户需求，在短时间内拿出能让客户满意的产品，提供令客户满意的服务。比如，在微信营销中，要多用一些关心、询问、征求口气的话来交流，“我们这款产品非常适合您”“我们可以根据您的需求，进行个性化定制”等，站在客户角度营销，拉近与客户的距离。

饥饿营销不可取

所谓“饥饿营销”，是针对用户急于购买商品的心理，营销者故意降低产量，制造供不应求的“假象”，吸引眼球，增加人气，骗取产品口碑。说到饥饿营销，大家都知道国内某品牌手机的反面案例。饥饿营销费时费力，尤其是人为拉长与客户交流时间，这样极易引起客户反感，让客户耐心流失，降低购买意向。所以，在微商营销中，谨慎使用饥饿营销，别让千辛万苦培养起的用户耐心和热情，因为长时间闲聊而被耗尽。

比如，在微商营销中，动辄以“没有现货”“临时性缺货”“只剩少数存量”为借口，造成产品短缺恐慌，这样人为拉长与客户交流时间，反而会适得其反。

不扯远话题避免分歧

微信营销是一种开放式的沟通，所以交流话题很难控制。特别是对于那些微商新手来说，如果不能有效引导、控制话题，就很可能被用户“牵着鼻子走”，耗费大量宝贵时间，跟用户进行一些主观性争论，进而产生某种意见分歧，在分歧争论中不可能达到营销目的。

所以，在进行沟通的时候，和销售无关的东西，最好不要谈，还有一些主观性的议题也应该尽量避免。要在自己熟悉的专业领域紧紧引导客户，在节省时间的同时，可以快速达成购买意向。

103. 不与客户争辩

微商心语

在微信营销中，做到不与客户发生正面的冲突，而是将心比心，善用语言化解矛盾危机。

做微商的朋友可能都有这样的经历，经常会遇到一些钻牛角尖、蛮不讲理的客户，对产品的某一特性与你纠缠不清，摆出一副咄咄逼人的架势，随时准备与你大干一场。这时，我们一定要保持冷静与理智，试想一下，如果与客户发生争执，双方因为语言而交恶，我们不但失去了一个也许能够成交的客户，而且败坏了产品形象，得不偿失。

在微信营销的法则里，微商应该时刻牢记，客户就是上帝，要尽量满足他的一切要求，选择不与他争执时，你输掉的仅仅是这场争执，但赢得的却是这个客户。因为成功销售出去你的商品，这才是你真正的目的。不与客户争辩，要做到以下三点。

先“迎合”，后“控制”

在微信营销中，客户的心理往往是希望微商和他们平等地交流和沟通。对他们而言，只有从心底里产生了购买意向，才能会与微商进行交流。他们所需要的是和善型、讲解型的微商，而不是强势的微商。

因此，在客户咄咄逼人，言语上充满愤怒、冒犯之意时，微商们必须先降低自己的姿态，弄清客户生气的原因，稳住客户情绪，谨防产生冲突。而后，通过态度诚恳的解释，对产品性能再做耐心细致的说明，以拥有的专业知识和说服能力引导客户平息情绪。

让信任成为黏合剂

遇到客户争论或情绪激动时，首先要搞清楚事情来龙去脉。如果是因为客户对产品不满意，要耐心与客户沟通，询问客户对产品的不满之处。在自己能力范围之内，可以选择与客户调换产品，或无条件退货等，让客户感受到自己良好的信誉与服务。这一点很重要，产品是微商安身立命之本，客户在产品上再小的问题都是大问题。如果是因为客户对产品某一特性了解不清而发脾气，要心平气和地教导产品正确使用方法，可以通过发送产品演示图的方式，让客户掌握正确使用方法。经过交流，客户逐渐感受到微商的良好信誉与服务，便会更加信任我们的产品。

及时化解客户抱怨

不与客户争辩只是手段，最终目的还是要及时化解客户抱怨。对于他们所有的意见，必须快速反应，最好将问题迅速解决或至少表示有解决的诚意。无故拖延时间只会使客户的抱怨变得越来越强烈，使客户感到自己没有受到足够的重视，不满意程度急剧上升。比如，客户抱怨产品与宣传不一致，我们发现主要原因在于客户的使用不当，这时应及时告诉客户正确的使用方法，而不能简单地认为与我们无关，不加理睬。如果经过调查，发现产品确实存在问题，应该给予赔偿，并尽快告诉客户处理的结果。

104. 不群发信息

微商心语

微商发信息的目的是为了产生互动，而不是直接销售，所以切忌随意群发信息。

2014年春晚，一首《群发短信我不回》的歌曲红遍网络，歌词讽刺了群发信息令人生厌，直击人心。同样，在微信中，一切营销成功的基础就是信息的宣传，所以，群发信息屡见不鲜。

事实上，群发信息正成为微信朋友圈最令人头疼、生厌的行为之一。在营销活动中，过多群发枯燥无味的商品信息，不但令用户产生审美疲劳，还可能导致用户屏蔽信息。掌握微信营销发信息的方法，必须从以下三方面做起。

切忌太频繁

国内某知名大学做过一个有趣的实验，手机微信中，当人们在一小时内连续看到三条或更多的销售信息时，就会产生厌烦情绪，30%以上的人会选择直接屏蔽。这项实验告诉我们，频繁群发信息达不到营销效果，还可能损失许多潜在客户。

正确的方法是，每周群发两到三次信息，内容质量一定要经过精雕细琢，具有吸引力，并且要用不同口吻风格来发布。这样就给人一种真诚、适度的好感，客户也比较乐意接受这种群发营销方式。比如，我认识的一位女士，做化妆品微商，每周推送三次信息，内容都是自己聘请软文高手写作而成，在朋友圈中效果挺不错的。

不要太功利

群发信息谨记，己所不欲，勿施于人。微商群发的目的是为了产生互动，而不是直接销售。大家试想，一个在朋友圈中频繁群发消息，要求帮忙点赞或推销产品求关注，谁受得了。而且这种刷屏求点赞、隔三岔五点赞免费领东西的做法已经被用滥了，客户们早就产生了抵触情绪。

作为微商，除了宣传自己代理的产品外，还应该结合生活和工作，分享一些生活乐趣、成长感悟、喜怒哀乐等小故事、小经历，做到个人经历与产品宣传并行不悖，相互影响，相互促进。比如，我的一位学员，虽然是做家用小电器的微商，但在朋友圈里时常分享一些养生、做菜方面的体会，偶尔还配上自己的烹饪成果，引得大家纷纷点赞评论，所以也就接受了他群发的产品信息。

与好友互动

不与好友互动的微商不是合格的微商，他所代理的产品也不会有好的营销效果。微信营销中，最忌讳的就是只顾群发广告，从来不和微信上的好友互动，不评论人家的微信，也从不和任何朋友沟通，这注定是失败的微信营销。

与好友互动，可以弥补内容趣味性不足的缺陷，也能缓解频刷信息给人留下的负面印象。互动时，能从客户那里得到对产品更客观公正的评价，有助于改进营销策略。比如，一位代理干果炒货的微商，很在意好友的留言、评论，经常与好友在朋友圈里互动，节假日时，也不忘为客户送上简短的问候语。这种做法比只埋头群发信息的微商要高明很多，效果也显然更好。

105. 不喜形于色

微商心语

在微信营销中保持一颗平常心，不迁怒于人，不得意忘形，学会控制自己的情绪，此乃微商成功之道。

我国古代有一句古语：不以物喜，不以己悲，说的是为人处世的一种至高境界，一直为世人推崇。无论在工作与生活中，就算达不到这样的境界，我们也可以从最简单的内容做起——不喜形于色。因为人们的喜怒哀乐，大多能从表情中看出来，学会在沉稳中历练才是生存之道。

我经常听起学员这样描绘他们最初成交订单的心情，激动无比，对客户感激不已，有的甚至在朋友圈群发红包以示庆祝。这样做，固然是我们经过努力，成功后的喜悦分享，但作为微商，尤其是在营销中，切不可喜形于色。

严以律己

微商营销中同样需要成熟、稳重、内敛的表现，这种无形的气质更能给我们代理的产品加分。那些初次赚钱、下单的兴奋欢呼，完成销售任务后的狂喜，不应是一个合格微商做的。换位思考一下，如果你是客户，当向微商下单后，微商兴奋地与你狂聊或一再感激你，恐怕多数客户会感觉此人不沉稳，那么他对你的印象很快就会反映到产品上，很可能这就成了第一次也是最后一次下单。

也许有人会问，难道做微商就不能正常表达自己的情绪吗？当然可以，微商也是平常人，也有喜怒哀乐，但要有适当的表达方式。在营销中，如果不学会很好地控制我们的情绪，被一时的情绪牵引，不利于做出正确的营销决策。我们要语言得体，时刻以一名商品销售者的身份要求自己。在与客户沟通中，说话要掌握分寸，不能夸大其词，也不能贬低对手。

察言观色

丰富的语言及表情变化是客户心理活动的一面镜子，我们要善于把握琢磨，才能从中看出签单的希望。不喜形于色，还要求我们要善于察言观色，捕捉对方语言及表情所流露的情感信息。我们知道，许多微商为了表现自己比别人懂得多，总会一股脑地把自己的知识、经历、能力一一地展现给客户，这样的微商固然让顾客产生敬佩之情，但顾客也会对微商的精明有所防备，害怕自己上当受骗。相反，那些看起来话语不多、句句切中要害的微商，更能获得顾客的信任。

比如，一名微商为了推销自己的茶叶，建了一个群，开始时大家都在群里积极发言，讨论各种茶叶，该微商也不发言，而是从大家的发言中推测某人对茶叶的了解程度及爱好方向，最后再适时推出自己的茶叶品牌，效果颇佳。

沉稳应对

△ 敏锐、主动

“凡事预则立，不预则废。”要从平时的营销活动中积累经验，总结各种应对技巧。在面对出现的客户要求退货、销售业绩不佳、客户反应平淡等问题时，能够运用经验，做细、做实应对预案，及时改变营销策略，尽最大努力实现既定目标。

△ 沉着、有序

越遇挑战，越要沉着。经过近几年的发展，微商在产品质保、信息发布传送、产品运输等方面有了很大的提高，也积累了应对突发事件的经验。只要微商们主动投入、沉稳应对、充分发挥主观能动性，完全可以实现营销目标。

106. 不利益交换

微商心语

微信禁止以利益交换为前提的同行业、互补产品、朋友圈之间的互推行为，有效避免了非法的利益交换现象。

2016年4月，备受关注的《微信公众平台运营规范》作为官方微信团队对微信公众号用户正式发布了文件，明令禁止以利益交换为前提，具有恶意营销性质及异常的公众号推荐行为。可以预见，今后这种不正常的、违规的利益交换行为将逐渐失去生存空间。

微信营销中不利益交换，也就是指不进行非正当的互推行为，主要包括同行业间互推、互补产品互推以及朋友圈之间互推等三种行为。这种互推是以利益交换为前提的，它对未经核实的公众号信息进行互相推广及批量恶意推广，包含大量虚假信息，对客户造成骚扰并损害用户权益，违反了公众平台提供信息真实准确的基本原则。如何做到不利益交换，要从以下三方面着手。

不在同行业间互推

很多人不禁疑问，同行之间存在竞争关系也会互推吗？事实上，同行之间不只是竞争，在微信营销中更多的是合作。在微信营销中，同行业间经常在各自的微信中互相推荐某个企业公众号，因为这些行业形成了一个共同的客户圈。虽然都是同行，但每个行业背后都有一个极其庞大的潜在客户群，这种“病毒式”的互推，让每个行业的潜在客户群不断发展壮大。

因此，我们要本能地远离这种非正当的行业互推，因为这些选择互推的行业往往都是生产、代理三无产品、假冒伪劣产品的企业，若选择互推，不但会危害客户的合法权益，也无形中抹黑了我们自身的产品品牌。

拒绝互补产品互推

许多产品不冲突的微商选择互推，因为他们的目标客户基本群体相同。但这种互推模式存在一个致命隐患，那就是某一产品如果是假冒伪劣产品，那将产生严重后果，自己的公众号可能面临被封号的危险。

正规的、产品质量过硬、有良好信誉的微商，都有自己的营销渠道和固定客户群。只有那些产品质量无保障，甚至仿制劣质产品的企业或微商才会选择互推，而他们往往给出的条件也相当诱人。这就要求我们要擦亮眼睛，千万不能轻易相信某个企业或微商互推的请求，而让冒牌产品钻了空子。

抵制朋友之间互推

这种互推往往紧盯那些粉丝多、影响力大的个人，然后以丰厚的回报为诱惑条件，引诱那些人加入互推。如果这些人不假思索地、不负责任地将这些产品信息推送给他的粉丝们，利用粉丝们的忠诚度来帮助无良企业或微商营销产品，将产生恶劣影响。

可以看出，这些微商在营销产品时，往往不是以产品质量取胜，而是靠传播营销手段、靠人脉关系，这就会形成“劣币驱逐良币”、马太效应，引起恶性竞争。所以，我们要坚决抵制这种以利益交换为目的的朋友互推，努力保持营销领域一片纯净天空。

107. 不作长篇大论式说教

微商心语

微信营销中，要善用语言艺术，不作长篇大论式说教，提高沟通交流的有效性和专业度。

口才对于微信营销的重要性不言而喻，但大多数微商对营销口才的认识存在很大误区，认为营销中需要口若悬河、夸夸其谈，最大限度地向客户灌输产品知识，这其实是对微信营销口才的极大误解。

我们知道，微信营销中，微商运用好语言艺术，可以快速地建立与客户的良好互动关系，让客户接受我们的产品和服务价值，巧妙处理客户异议，化解客户顾虑。但在交流中，绝不是说得越多越好，长篇大论式的说教反而会引起客户的反感。杜绝长篇大论式的说教，需要我们把握好言语技巧、切入点、倾听三个维度。

言语技巧原则

莎士比亚说过：“简洁是智慧的灵魂，冗长是肤浅的藻饰。”营销语言的简洁要求，就是以简单明了的语言把尽可能多的信息传递给客户。

在微信营销中，微商要注意方式方法的培养锻炼，说话必须简明扼要，全面、认真回答客户的提问。当客户在说话时，不要随便打断，等客户讲完之后再回答。学会使用专业语言服务客户，不说业余的话、不说模棱两可的话。用积极的用词和方式，时刻保持积极向上的态度，沟通用语也尽量选择体现正面、阳光的词语。总体而言，简洁的语言，不但是营销的需要，也从客观上反映出微商业务熟练，作风扎实，诚实可信。

找准切入点

良好的开头是成功的一半，找准切入点十分重要。闲谈是营销的前奏，虽然很多话看似并没有什么实际意义，但可以形成一种轻松友好的氛围，达到暖场的效果。据我所知，微信营销业内使用较多、效果较好的切入话题有：孩子教育、运动养生、自驾旅游、客户某一擅长领域等。当微商们与客户谈论这些话题时，客户就会有很强的代入感，迅速拉近距离，从而进行愉快的沟通。在营销中，能快速地找准交流切入点，就能有效激发客户购买意愿，提高营销针对性，当然，在寻找话题时，切忌以非议国家和政府、背后议论同行、家长里短等为切入点，这些话题敏感度高、争议性大，在交谈中切勿涉及。

倾听也很重要

微信营销中，向客户表达观点很重要，但聆听同样必不可少。在交流时，如果表示能明白客户感受和客户的言外之意，客户或许更愿意和你交流，促进彼此进一步了解。在客户发表意见或提出疑问时，我们要集中注意力，掌握客户表达的核心意思，揣摩用户真实意图。短时间内，既不轻易许诺，也不要急于表态，给自己留下一个充分考虑、辨别的时间，这样既能够显示对对方的重视，也能利用时间争取主动。如果没有经过充分思考就急于当场表态，等再想回旋已经没有余地了。所以，学会倾听，就能在营销中可进可退，才不至于尴尬或被动。

108. 不频繁刷广告

微商心语

推送信息要适时适度，频繁的"刷屏式"微信营销只会给企业的形象、产品减分。

随着"全民微商"时代的到来，一种在朋友圈频繁刷广告的乱象随之而来，让众多微信用户不胜其烦。从这种覆盖眼球的营销手段中可以看出，标新立异、制造噱头、突破底线的"刷屏营销"，不仅扰乱了整个微信营销体系，而且只会给企业的形象、产品减分，起不到为销售增值的作用。

当然，不频繁刷广告屏，并不是不发产品广告，而是要我们学会必要的方法与技巧。总的来说，微信营销应该成为让客户享受购物的有温度、有乐趣的过程，而这绝不仅仅是靠"刷屏"就能取得的。那么，要想做到不刷屏，也一样可以实现商品营销，必须把握好以下三种原则。

个人形象

在前文中我曾提到，微信中群发信息最好1小时内不要超过两条，并且要以不同风格、不同口吻来发布。事实上，在产品宣传中，烘托气氛是一个很关键的因素，有时可以起到四两拨千斤的效果。

直观地讲，微信营销就是人的营销，我们的个人形象在很大程度上代表产品形象。所以，要学会推销自己，让客户对你产生好感，给客户留下好的印象，你的产品自然会得到关注。微商们在代理产品之后，就要围绕如何在朋友圈树立你的个人品牌、个人形象，和大家建立一种良好的关系做工作。当你在朋友圈树立了良好口碑之后，产品销售量也就会随之上升。重视人的作用与价值，才是微信营销之道。

内容精彩

在第七章文案营销中，我曾详细地讲解了文案内容的重要性。然而，在我们的朋友圈中，低质量、恶俗的信息大量存在，千篇一律的信息让人顿时生厌。

虽然同样是微信营销，但我们完全可以做得更加出彩。我们推送的信息不能单纯只有产品广告，还应穿插一些如生活常识、养生运动小贴士等有趣味的微信内容，即使是要发产品的广告，也不要那么直接、赤裸、死板地宣传，可以通过采用不同的花样、不同的形式、不同的语句和组词的方式呈现出来，可以用故事的方式，讲述产品的卖点，这样客户就会觉得很新颖，从而关注你的产品。这种小技巧比机械地频刷广告要见效很多。

推送策略

这里所指的策略自然是内容推送策略，如何将自己的广告完美的推送到朋友圈，还能够让你朋友圈的朋友有兴趣地阅读呢，这需要融入一些策略，结合自己所推广的产品特性找到合适方法，具体需注意以下几点。

△ 推送时间。

这一点在第六章 59 节“朋友圈信息发布的黄金时间”中已阐述，这里不再赘述。

△ 丰富内容。

如果你朋友圈有个微商每天推送的都是关于某化妆品的内容，而这个化妆品你又不需要，你肯定不会去看，而且久而久之，你会感到厌烦，甚至会把对方拉黑。原因很简单，因为对方所推送的内容不是你所需要的，对于你来说没有任何意义，而且还占用你手机内存。

事实上，每个微商朋友圈的朋友并不全是他们的潜在客户，比如有些卖化妆品的微商朋友圈有很多男性朋友，而这些男性朋友为什么会一直关注这些卖化妆品的微商呢？原因是这些微商朋友圈所推送的内容除了产品之外，还有很多其他方面的内容。比如生活、励志段子、幽默笑话、心灵鸡汤等等。这些男性客户虽然不需要化妆品，但是这么多丰富的内容，总有一样是他们所感兴趣的，正因如此，才紧紧抓住了他们的眼球。

每个人都有好奇心理，都会对自己感兴趣的事情刻意关注，回想一下你每天打开朋友圈后，看到某个朋友发布的在某地旅游时的照片，你肯定会打开并放大看看其尊容及周边的风景，久而久之该朋友便会在你脑中留下较深的印象。

换位思考，作为微商，在推送广告产品的同时，夹杂这些与产品无关的内容，即使对方不需要你的产品，也会刻意地去关注，也许有一天他会把你的产品介绍给身边有需要的人。

△ 内容融合度。

所谓内容融合度，是指推送的广告产品与其它内容之间的周期，如果频繁地发广告没有其他内容，朋友会厌烦；而如果广告发得很少，其他内容很多，又起不到广告作用，如何把握这样一个度呢？

建议：如果你每天推送 3～5 条的广告内容，那么在每条产品广告推送后，推送 1～2 条其他内容，切记不可密集地推送广告。